Anton Chavez

Traición Sagrada
El Evangelio Oculto de Judas

Copyright © 2023 Luiz Santos
Todos los derechos reservados.
Ninguna parte de este libro puede ser reproducida en ninguna forma ni por ningún medio sin el permiso escrito del titular de los derechos de autor.
Imagen de portada © LS Studio
Revisión por Marco Villar
Diseño gráfico por Clara Mendonça
Maquetación por Ricardo Almeida
Todos los derechos reservados a:
Luiz A. Santos
Categoría: Gnosis

Contenido

Prólogo 5
Capítulo 1 El Evangelio de Judas 7
Capítulo 2 Judas Iscariote en la Tradición Cristiana 13
Capítulo 3 Gnosticismo y Ortodoxia 18
Capítulo 4 El Viaje de Judas 23
Capítulo 5 Jesús y el Conocimiento Oculto 28
Capítulo 6 El Concepto de Demiurgo 33
Capítulo 7 Dios Supremo y la Plenitud 38
Capítulo 8 Luz y Oscuridad en el Gnosticismo 43
Capítulo 9 La Creación del Mundo Material 48
Capítulo 10 La Realidad Espiritual 53
Capítulo 11 El Papel de los Arcontes 58
Capítulo 12 Judas como el Elegido 63
Capítulo 13 Conocimiento y Liberación 68
Capítulo 14 La Dualidad del Alma 73
Capítulo 15 El Camino del Despertar 78
Capítulo 16 Jesús como Maestro Espiritual 82
Capítulo 17 El Significado de la Traición 87
Capítulo 18 Las Esferas Celestiales 92
Capítulo 19 Las Limitaciones del Mundo Material 96
Capítulo 20 El Sufrimiento como Despertar 100
Capítulo 21 Prácticas de Meditación Gnóstica 105
Capítulo 22 La Importancia del Silencio 109
Capítulo 23 Ritual de Purificación Espiritual 113
Capítulo 24 El Poder de la Intención 117

Capítulo 25 Ejercicios de Concentración 121

Capítulo 26 La Conexión con el Dios Supremo 125

Capítulo 27 Símbolos Gnósticos 129

Capítulo 28 El Significado de "Yo Soy" 133

Capítulo 29 El Mito de la Caída 137

Capítulo 30 La Naturaleza de la Realidad 141

Capítulo 31 Caminos hacia el Autoconocimiento 145

Capítulo 32 Los Estados de la Conciencia 149

Capítulo 33 Prácticas de Sueños Lúcidos 153

Capítulo 34 El Papel de los Elementos 158

Capítulo 35 La Sabiduría de la Serpiente 162

Capítulo 36 La Alquimia Interior 166

Capítulo 37 El Papel del Sufrimiento en la Evolución Espiritual 170

Capítulo 38 Conexión con el Yo Superior 174

Capítulo 39 La Muerte y el Renacimiento Espiritual 178

Capítulo 40 Ascensión y Redención del Alma 182

Capítulo 41 El Significado del Perdón 186

Capítulo 42 Las Prácticas de Visualización 190

Capítulo 43 La Comunión con lo Divino 194

Capítulo 44 Integración de las Revelaciones de Jesús 198

Capítulo 45 Desapego del Mundo Material 202

Capítulo 46 La Jornada del Alma 207

Epílogo 215

Prólogo

Hay una verdad oculta entre las líneas, una verdad rara vez accesible, reservada para aquellos que se atreven a buscar más allá de lo tangible. Este libro no trata sobre fe, religión o doctrinas establecidas. Rompe esas barreras y cruza un umbral antiguo, revelando capas de realidad ignoradas por la mirada común. Al abrir este libro, te preparas para sumergirte en un conocimiento reservado para quienes buscan más allá de lo visible, un saber que cuestiona la esencia del mundo, del alma y de la propia divinidad.

Te adentras en un mundo donde Judas Iscariote, esa figura que la tradición pintó como traidor, surge bajo una nueva luz. Judas aquí no es solo el discípulo que sucumbió al peso de la traición; se convierte en el guardián de un secreto sagrado, un conocimiento que le fue revelado por el mismo Jesús, un saber que va más allá del entendimiento de los otros discípulos. En tus manos, este evangelio apócrifo despliega la complejidad de una historia que no solo redefine a Judas, sino que redimensiona el propio universo y la manera en que este se conecta con la divinidad.

En esta travesía, el mundo físico no se presenta como un don divino, sino como una prisión impuesta por una entidad llamada Demiurgo. Un ser poderoso pero limitado, que se autodenomina creador y gobierna un mundo de ilusiones. No hay condena, sino revelación: el Demiurgo es quien mantiene las almas en un ciclo perpetuo de ignorancia y servidumbre, alejándolas de la verdadera fuente de luz y plenitud, el Pleroma. En este contexto, Judas es el único capaz de comprender el papel de Jesús, alguien destinado no a redimir mediante un sacrificio físico, sino a iluminar, permitiendo que la esencia divina trascienda las ataduras de la materia.

Este libro revela el gnosticismo, una filosofía que desafía el entendimiento convencional de la creación, el pecado y la redención, como una vía secreta hacia la liberación espiritual. Mientras las doctrinas tradicionales sostienen que la creación es perfecta y guiada por un Dios benevolente, el gnosticismo propone un camino de iluminación interior que trasciende los límites materiales. Para los gnósticos, el alma lleva dentro de sí una chispa divina, prisionera en el cuerpo, y solo mediante el conocimiento secreto, o gnosis, puede liberarse. La travesía de Judas en este evangelio es un símbolo de esa travesía: un camino que desafía la obediencia ciega y nos invita a la libertad a través del autoconocimiento.

A lo largo de estas páginas, serás confrontado con una realidad espiritual donde el bien y el mal se mezclan de maneras inesperadas. El papel de Judas es revaluado; la traición, que durante siglos fue vista como su pecado mayor, aquí se convierte en un acto de comprensión y valor, una llave hacia la trascendencia. El lector es invitado a cuestionar la moralidad convencional, a desafiar las fronteras entre lo correcto y lo incorrecto, y a considerar la posibilidad de que la verdadera traición sea la ignorancia.

El Evangelio de Judas revela un cristianismo paralelo, donde el entendimiento supera la fe ciega y el pecado no es más que una forma de prisión impuesta por la ignorancia. Aquí, la redención no está en el sacrificio externo, sino en la liberación del ser interior, una liberación que se alcanza no a través del culto, sino a través del descubrimiento de una verdad más profunda. La promesa de este evangelio es la de una nueva mirada, una invitación para reconectarse con una sabiduría que fue silenciada, pero que palpita entre líneas, esperando a quienes se atrevan a leer más allá de lo evidente.

Para aquellos que se permitan esta travesía, el camino que este libro ofrece no es fácil ni complaciente. Exige un corazón dispuesto a ver lo que se oculta en las sombras, una mente abierta para cuestionar verdades establecidas y un valor interior para enfrentar la oscuridad que el Demiurgo impone. Judas no es el villano; él es el guardián de una sabiduría que desafía el mundo físico y rompe las cadenas que lo atan a la ignorancia.

Abre este libro con la conciencia de que, con cada página, te acercas a una revelación antigua, un mensaje que ha atravesado siglos para llegar a quienes están dispuestos a sumergirse en lo desconocido. Aquí, encontrarás una invitación silenciosa para recordar tu verdadero lugar en el cosmos, para descubrir la divinidad que yace oculta y rescatar la luz interna que trasciende las limitaciones de este mundo material.

Estás a punto de atravesar una puerta y entrar en una dimensión donde el alma no solo existe, sino que lucha por recordar quién realmente es. Que esta lectura sea el inicio de una travesía que, al final, te lleve al encuentro contigo mismo y con el misterio divino que te espera en la eternidad.

Capítulo 1
El Evangelio de Judas

En algún lugar remoto y oculto en el tiempo, un texto perdido yacía silenciado entre las sombras de la historia, esperando a ser redescubierto. Este documento, de origen incierto y lleno de controversias, emergió como una pieza misteriosa del rompecabezas espiritual, cuestionando y desafiando el relato tradicional que durante siglos moldeó el entendimiento de la humanidad sobre los misterios de lo divino. Este es el Evangelio de Judas, un manuscrito cuyo contenido parece resonar con secretos antiguos, como susurros de una realidad oculta que, aunque ha existido en paralelo a la ortodoxia cristiana, fue suprimida y condenada a la oscuridad.

Fue en la década de 1970 cuando se halló este documento en una cueva egipcia, fragmentado y deteriorado por el tiempo, una copia en copto del siglo III que presentaba a Judas Iscariote, el traidor más vilipendiado de los Evangelios, bajo una luz completamente diferente. A diferencia de los relatos canónicos, donde Judas se convierte en el símbolo de la traición absoluta, aquí se despliega como una figura destinada, alguien a quien Jesús confió un conocimiento secreto y profundo, un conocimiento que cambia la perspectiva sobre la creación del mundo y el papel de las entidades divinas y materiales en el orden de las cosas.

Lo que hace este evangelio tan único no es solo la reinterpretación de Judas, sino la puerta que abre a un mundo paralelo de espiritualidad: el gnosticismo. En este contexto, las enseñanzas de Jesús se presentan no como el mensaje de un redentor en la carne, sino como revelaciones ocultas dirigidas solo a aquellos con capacidad de comprensión superior. La narrativa propone que no todo lo que fue creado merece adoración, pues existe un ser que se posiciona como creador, pero que no es, de ninguna manera, el Dios Supremo. Este es el Demiurgo, un artífice limitado y falible que aprisiona las almas en la materia, en un mundo ilusorio y opaco, lejos de la auténtica divinidad.

La existencia de este Demiurgo es un concepto fundamental en el pensamiento gnóstico, y su comprensión revela una estructura cósmica dualista, donde el mundo material es visto como una prisión y el alma humana como un cautivo. En esta cosmovisión, el Dios Supremo, el auténtico Ser, permanece en silencio, en una profundidad infinita conocida como el Pleroma, la plenitud que está más allá de cualquier descripción, inaccesible a los sentidos y la razón. Mientras tanto, el Demiurgo y sus servidores, los arcontes, han creado una realidad imperfecta y manipuladora, manteniendo a las almas en un ciclo de ignorancia y servidumbre.

En el Evangelio de Judas, Jesús, como un maestro secreto, revela este conocimiento a Judas Iscariote, quien se convierte en el discípulo que, aunque incomprendido y rechazado por los demás, es el único capaz de recibir la gnosis o conocimiento superior. Según el texto, la traición no es un acto de perfidia, sino un sacrificio necesario y un paso para liberar a Jesús de la carne, permitiéndole trascender la prisión del cuerpo y regresar a la esfera divina de donde vino. Judas, entonces, no es un traidor en el sentido moral de la palabra; en lugar de eso, se convierte en un intermediario, un agente que opera en los límites entre lo visible y lo invisible, lo material y lo espiritual.

Este evangelio desafía las estructuras establecidas, no solo al presentar una perspectiva radicalmente diferente sobre Judas, sino al cuestionar los fundamentos mismos de la creación. En el relato gnóstico, el mundo material no es obra del Dios Supremo; es una construcción defectuosa, un laberinto de espejismos donde las almas errantes vagan sin entender su verdadero origen. El Demiurgo, cegado por su arrogancia, se considera el único dios y mantiene su creación en un estado de engaño, impidiendo a los seres humanos recordar la luz a la que pertenecen.

El surgimiento de este evangelio añade un nuevo capítulo a la historia de los textos prohibidos y perseguidos. Durante siglos, la Iglesia ortodoxa condenó y suprimió cualquier visión que pusiera en duda la autoridad del Dios creador del Génesis. Los gnósticos, con sus textos apócrifos y su insistencia en el conocimiento secreto, fueron etiquetados como herejes, perseguidos y eliminados en casi todas sus manifestaciones. Sin embargo, como brasas bajo la ceniza, las ideas gnósticas sobrevivieron en las sombras, en textos enterrados y en tradiciones orales que desafiaban el orden establecido.

El descubrimiento del Evangelio de Judas no solo pone en tela de juicio la imagen de Judas como el eterno traidor, sino que también proporciona una lente que permite vislumbrar un cristianismo alternativo, uno que subraya la necesidad de una visión interna y trascendente del individuo. En este enfoque, el propósito de la existencia no es cumplir con las normas impuestas por una deidad celosa y castigadora, sino descubrir y conectar con la chispa divina dentro de cada uno, el fragmento del Pleroma que yace oculto en el alma humana.

Este manuscrito invita al lector a una reflexión profunda sobre la naturaleza de la realidad, la divinidad y el propio destino. Para los gnósticos, el conocimiento es la llave de la liberación, un conocimiento que no se encuentra en las enseñanzas públicas y aceptadas, sino en los misterios escondidos tras las palabras y en el silencio de la experiencia interior. Judas, en esta versión, representa a todos aquellos que se atreven a cuestionar, a buscar más allá de lo evidente y a desafiar las verdades impuestas.

A lo largo de los siglos, las enseñanzas gnósticas han fascinado y repelido en igual medida, ya que ofrecen un camino difícil y solitario hacia la iluminación. Requieren que el buscador enfrente la oscuridad y la duda, que supere las ilusiones de los sentidos y desmantele la estructura mental impuesta por el Demiurgo y sus agentes. En esta travesía, Judas se convierte en un símbolo de la valentía y la desesperación, de la búsqueda incesante de la verdad y del sacrificio personal.

El Evangelio de Judas resuena como una invitación para aquellos que desean ir más allá de las fronteras del dogma y el conformismo espiritual. La interpretación gnóstica de la traición no es una condena, sino una revelación, un acto que libera y desafía, exponiendo una realidad que trasciende el bien y el mal en el sentido convencional. En esta perspectiva, la verdadera divinidad no es una entidad que juzga y castiga, sino una fuente infinita de luz y amor que invita al alma a recordar su origen y su destino.

Este es el umbral sobre el cual se adentra el lector al explorar el Evangelio de Judas. No es solo una lectura, sino una puerta hacia un cosmos en el que la realidad material es un espejismo, y la verdad reside en el reconocimiento de la chispa divina que cada ser lleva en su interior. A través de este texto, el lector se encuentra en un viaje que no es solo histórico, sino existencial y espiritual. Es una oportunidad de sumergirse en las aguas profundas del conocimiento oculto, de experimentar la duda y la esperanza, de confrontar el misterio que yace en el núcleo de la existencia humana.

El Evangelio de Judas propone una alternativa, un retorno a las enseñanzas prohibidas, a la sabiduría ancestral que invita al alma a despertar de la ilusión y a recuperar su herencia divina. Este evangelio es más que palabras antiguas; es un llamado a la acción interior, a la transformación y a la liberación. En cada línea, la presencia de lo sagrado palpita en un lenguaje que va más allá de la comprensión racional, invitando a los buscadores a romper las cadenas de la ignorancia y a elevarse hacia el Pleroma, hacia el Dios Supremo, más allá de los límites del tiempo y el espacio.

Aquí comienza una travesía que no solo redefine el papel de Judas, sino que redibuja los límites del cosmos y del alma humana. Es un llamado a mirar más allá del mundo visible, a confrontar la verdad de nuestra existencia y a abrazar el misterio del conocimiento que nos espera en las profundidades de nuestro ser. El Evangelio de Judas nos recuerda que el verdadero enemigo no es externo, sino la ignorancia que nos mantiene atados al mundo material, a la ilusión de separación del Todo.

Así, este evangelio se convierte en una guía para los que anhelan despertar, para aquellos dispuestos a recorrer el sendero hacia el autoconocimiento y la libertad, no a través de la adoración ciega, sino mediante la conexión directa y vivencial con el conocimiento interior. Este es el legado que Judas, el discípulo incomprendido, deja a quienes buscan la verdad, más allá de la traición y del juicio, en el vasto silencio del Pleroma, donde el alma recuerda finalmente su hogar.

Capítulo 2
Judas Iscariote en la Tradición Cristiana

En el vasto tapiz de narrativas que forman la tradición cristiana, pocas figuras han sido tan enigmáticas y controvertidas como Judas Iscariote. Su nombre se ha convertido en sinónimo de traición, de una deslealtad profunda e imperdonable. Sin embargo, detrás de esta imagen monolítica, se esconde un personaje cuyo papel y motivaciones han sido interpretados y reinterpretados a lo largo de los siglos, hasta el punto de transformarlo en el antagonista más temido y vilipendiado de la historia sagrada. Sin embargo, en cada lectura, en cada sermón y en cada interpretación, surge la pregunta: ¿es posible que la historia de Judas tenga otra versión, otra intención oculta, que desafíe lo que tradicionalmente hemos asumido como verdad?

Los evangelios canónicos —Mateo, Marcos, Lucas y Juan— presentan a Judas como el discípulo que entrega a Jesús a sus perseguidores por treinta piezas de plata, un precio que se graba en la mente colectiva como símbolo de la codicia y la traición. La escena de su beso, la señal convenida para señalar a Jesús en el huerto de Getsemaní, se convierte en una imagen indeleble en la memoria de la cristiandad, la encarnación de la traición bajo una máscara de cercanía y confianza. En estos relatos, Judas es el discípulo que pierde el rumbo, el que se entrega al mal y se convierte en un instrumento de los adversarios de Jesús. Para los primeros seguidores de Cristo, este acto era más que una traición; era la ruptura de un vínculo espiritual y un paso hacia la condena.

La tradición de Judas como traidor también evoca ecos simbólicos más profundos. En la narrativa cristiana, su figura adopta matices de un arquetipo oscuro: el amigo convertido en enemigo, la figura de confianza que se vuelve en contra de su maestro y amigo. Su historia es leída como advertencia, un recordatorio de los peligros de la ambición desmedida y la fragilidad del alma humana. El nombre "Judas" se convierte en una palabra cargada, no solo en la literatura religiosa, sino en el inconsciente colectivo, un recordatorio perpetuo de los riesgos de la traición y de la deslealtad que acecha en el corazón humano.

En los primeros siglos de la era cristiana, sin embargo, los evangelios canónicos no eran los únicos relatos que circulaban sobre la vida de Jesús y sus discípulos. A medida que el cristianismo se expandía y se formalizaban las enseñanzas, también surgían narrativas alternativas que cuestionaban la versión oficial y proponían otras interpretaciones de los personajes centrales, incluido Judas. En el gnosticismo, una corriente de pensamiento que floreció en aquellos primeros tiempos, Judas no es simplemente el traidor; es una figura compleja, profundamente conectada con un conocimiento superior y misterioso.

En las escrituras gnósticas, y especialmente en el Evangelio de Judas, se presenta una versión alternativa de los eventos que rodearon la vida de Jesús. En este relato, Judas no actúa movido por la codicia o el odio; en cambio, parece cumplir un papel asignado y comprender verdades ocultas que el resto de los discípulos ignora. Esta interpretación ofrece una visión radicalmente distinta de su personaje, posicionándolo no como el enemigo de Jesús, sino como su colaborador en un plan cósmico más amplio. Aquí, la traición es reinterpretada como un acto de devoción profunda, como una tarea que requiere gran coraje y desapego.

El contraste entre el Judas de los evangelios canónicos y el Judas gnóstico invita a reflexionar sobre la naturaleza de la traición y la redención. Para el cristianismo ortodoxo, la traición de Judas es un pecado sin redención, un acto que lo condena a la infamia eterna. Sin embargo, en el gnosticismo, donde se enfatiza el conocimiento secreto y el despertar espiritual, la historia de

Judas se transforma en una parábola de sacrificio y revelación. Al seguir el mandato de Jesús de entregarlo a sus perseguidores, Judas parece asumir el rol de un iniciado, alguien que, al comprender la verdadera esencia de su maestro, actúa en consonancia con una voluntad superior y es capaz de trascender el juicio moral de los demás.

En los primeros relatos gnósticos, Jesús es un ser de naturaleza espiritual que ha descendido al mundo material para despertar a las almas que duermen en la ignorancia. El evangelio gnóstico no presenta a Jesús como una figura destinada al sacrificio físico en sí, sino como un portador de revelaciones ocultas, conocimientos que desafían el dominio del Demiurgo y los poderes que mantienen al alma atrapada en el ciclo material. En esta narrativa, Judas se convierte en el único discípulo capaz de comprender esta verdad, el único que recibe una revelación directa de Jesús sobre el verdadero propósito de su misión en la Tierra.

La imagen de Judas como el "traidor" es entonces puesta en duda. ¿Puede una traición ser algo más que un acto de deslealtad? ¿Puede ser, en un contexto más profundo, un acto necesario para la liberación? Los gnósticos invitan a ver la traición de Judas como una metáfora del despertar de la consciencia, una representación del conflicto interno que el alma debe atravesar para descubrir su verdad más íntima y trascender las limitaciones del mundo material.

Es en este sentido que el Evangelio de Judas introduce un componente espiritual y simbólico que no se encuentra en los evangelios canónicos. Mientras que el cristianismo ortodoxo construye su teología en torno al concepto de pecado, perdón y redención, el gnosticismo se centra en el conocimiento, la ignorancia y la liberación de las ataduras materiales. En el pensamiento gnóstico, el pecado no es tanto una ofensa moral como una consecuencia de la ignorancia, y la redención no se alcanza a través de la fe ciega, sino mediante la comprensión y el despertar.

La existencia de múltiples interpretaciones sobre la figura de Judas también refleja un conflicto teológico subyacente en los primeros tiempos del cristianismo. A medida que la Iglesia se organizaba y consolidaba, estableciendo una doctrina oficial que rechazaba las visiones alternativas, el gnosticismo fue relegado y etiquetado como herético. Los textos gnósticos fueron perseguidos y destruidos, y las narrativas canónicas fueron promovidas como las únicas verdaderas. Sin embargo, el hallazgo de textos como el Evangelio de Judas devuelve a la superficie preguntas fundamentales sobre la interpretación de la historia sagrada y la naturaleza de los personajes que en ella figuran.

A través de esta perspectiva gnóstica, se insinúa que Judas es, en cierto sentido, el discípulo más fiel, porque es el único que comprende y acepta la verdadera naturaleza de Jesús y su misión. En lugar de traicionarlo, lo libera de las limitaciones de la carne, facilitando su regreso al reino espiritual. Esta visión convierte a Judas en un personaje trágico, atrapado entre dos realidades: la del mundo visible, donde su acto es condenado como traición, y la del mundo invisible, donde su sacrificio es visto como un acto de obediencia y amor supremo.

A lo largo de la historia, la imagen de Judas ha sido objeto de odio y desprecio, pero también de fascinación. Su papel en la narrativa cristiana sigue evocando preguntas y suscitando nuevas interpretaciones, desde las más ortodoxas hasta las más subversivas. Es posible que en su aparente traición, se oculte un símbolo de la condición humana misma, de la lucha entre la devoción y la duda, entre la fidelidad y el desafío. En cada uno de nosotros existe un Judas, un aspecto que cuestiona y desafía, que es capaz de actuar fuera de los límites del dogma para encontrar una verdad que trasciende la moralidad convencional.

Con el Evangelio de Judas, surge la posibilidad de una comprensión más profunda y matizada del papel de Judas en la historia de Jesús. Se abre una puerta a una lectura que no juzga a Judas solo por su acto exterior, sino que explora sus motivaciones internas y su conexión espiritual. La traición, en esta perspectiva, se convierte en un misterio, una paradoja que desafía las categorías simples de bien y mal, de fidelidad y deslealtad. Es una invitación a mirar más allá de la superficie, a cuestionar las narrativas tradicionales y a buscar una verdad que solo puede ser encontrada en las profundidades del alma.

La historia de Judas, tal como se presenta en la tradición gnóstica, invita al lector a explorar su propio entendimiento de la traición, la redención y el propósito espiritual. No es solo un relato sobre un personaje histórico; es una reflexión sobre la naturaleza del conocimiento, la libertad y la capacidad humana para trascender las apariencias y descubrir la esencia de lo divino en un mundo de sombras y reflejos.

En este viaje de redescubrimiento, el lector es confrontado con el enigma de Judas, con la posibilidad de que su papel en la historia de Jesús no haya sido el de un simple traidor, sino el de un aliado en una misión cósmica que trasciende la comprensión ordinaria. Es en esta luz que el Evangelio de Judas desafía al lector a mirar más allá de las narrativas oficiales y a considerar la posibilidad de un cristianismo alternativo, uno donde el conocimiento y el despertar son las verdaderas llaves de la redención. Judas Iscariote, entonces, deja de ser solo el traidor y se convierte en el arquetipo del buscador, aquel que, aunque incomprendido, camina hacia el misterio en busca de una verdad más allá del dogma y de las apariencias.

Capítulo 3
Gnosticismo y Ortodoxia

En la vasta encrucijada de corrientes y doctrinas que confluyeron en los primeros siglos del cristianismo, una corriente destacaba por su visión radicalmente distinta de la divinidad, del ser humano y de la realidad misma: el gnosticismo. Surgido de la misma matriz cultural y espiritual que dio forma a las primeras comunidades cristianas, el gnosticismo representa una cosmovisión compleja, a menudo enigmática, que choca y dialoga con la tradición ortodoxa de múltiples maneras. En este contexto, el Evangelio de Judas emerge como un texto poderoso y polémico, reflejando la profunda divergencia entre la visión gnóstica y la ortodoxa, y revelando un cristianismo alternativo y, en muchos sentidos, prohibido.

El gnosticismo es una tradición difícil de definir en términos absolutos. No es un sistema religioso unificado, sino más bien un conjunto de enseñanzas y prácticas espirituales que compartían ciertas características comunes. El núcleo de la doctrina gnóstica reside en el término que le da su nombre: "gnosis", una palabra griega que significa "conocimiento". Pero no se trata de un conocimiento cualquiera, sino de una sabiduría secreta, esotérica, que ilumina la verdadera naturaleza de la realidad y el lugar del ser humano en ella. Para los gnósticos, el conocimiento es más importante que la fe ciega o la obediencia a dogmas; la gnosis es la chispa de iluminación que permite a la persona recordar su origen divino y escapar de las trampas de un mundo ilusorio y opresivo.

A diferencia del cristianismo ortodoxo, que se centra en la fe en Dios y en la salvación a través de la obediencia y los sacramentos, el gnosticismo promueve una búsqueda interior y personal de la verdad. Los gnósticos creen que el mundo material es una prisión, una creación defectuosa gobernada por un ser engañoso, el Demiurgo. Este Demiurgo, aunque se presenta como el único dios, es en realidad una figura oscura que mantiene a las almas atrapadas en el sufrimiento y la ignorancia. Para los gnósticos, el verdadero Dios está más allá de esta creación, en una realidad inmaterial y pura llamada Pleroma, un reino de plenitud espiritual inaccesible a los sentidos humanos.

En el cristianismo ortodoxo, Dios es visto como el creador benevolente del universo, un ser omnipotente y bondadoso que busca la salvación de sus criaturas. La materia, aunque corruptible, no es intrínsecamente mala; es obra de Dios y, por lo tanto, tiene un propósito en el plan divino. Los seres humanos, según esta visión, están llamados a aceptar la gracia divina y a vivir conforme a las enseñanzas de la Iglesia para alcanzar la salvación. El pecado y la redención son conceptos fundamentales en esta teología, y la fe en Jesucristo como el Hijo de Dios es la piedra angular de la salvación.

El gnosticismo, sin embargo, desafía estas premisas. Para los gnósticos, el Demiurgo y sus servidores, los arcontes, no son deidades benevolentes, sino tiranos cósmicos que retienen las almas en un ciclo de ignorancia. La creación material es vista como una especie de trampa, un laberinto en el que las almas vagan sin rumbo, incapaces de recordar su verdadera esencia divina. En este sentido, la visión gnóstica es profundamente dualista, dividiendo la realidad entre el reino del Demiurgo —el mundo físico y todo lo que lo rodea— y el reino del Dios Supremo, una existencia superior e invisible que representa la verdadera fuente de luz y sabiduría.

El Evangelio de Judas es un claro reflejo de esta dicotomía entre el mundo visible y el invisible, entre la falsa creación del Demiurgo y la verdad oculta del Dios Supremo. En este evangelio, Jesús no es el salvador en el sentido tradicional; no viene a morir por los pecados de la humanidad ni a establecer un reino de justicia en la tierra. En cambio, es un revelador, un maestro de secretos que se muestra a Judas como un aliado en el conocimiento prohibido. En sus enseñanzas, Jesús revela que el mundo material es un engaño, una prisión construida para mantener a las almas en un estado de ceguera espiritual.

La figura del Demiurgo y los arcontes encarna el principio de la ignorancia y la opresión en el pensamiento gnóstico. Los arcontes son entidades que sirven al Demiurgo, y cuya función es perpetuar el dominio de la ilusión, desviando a las almas de su verdadera naturaleza y manteniéndolas distraídas en los placeres y sufrimientos del mundo material. Este concepto resulta profundamente subversivo, ya que invierte la narrativa ortodoxa sobre la creación divina y coloca a las fuerzas celestiales en el rol de opresores, en lugar de protectores.

La teología gnóstica plantea entonces una forma de salvación radicalmente distinta: la liberación no viene a través de la fe en un dios creador, sino mediante el conocimiento de la falsedad del mundo material y el reconocimiento de la chispa divina en cada ser humano. La gnosis se convierte en una herramienta de emancipación, una especie de llave que permite al iniciado recordar su origen divino y emprender el camino de regreso al Pleroma, el reino espiritual del Dios Supremo.

Este conflicto teológico entre el gnosticismo y la ortodoxia se manifiesta en la manera en que ambos interpretan la vida y las enseñanzas de Jesús. Para los gnósticos, Jesús es una figura más trascendental y etérea, cuya misión principal es revelar los secretos del cosmos y guiar a los elegidos hacia la liberación espiritual. En este sentido, los milagros, las parábolas y los actos de sanación de Jesús no son tanto intervenciones en el mundo material, sino símbolos y recordatorios de la existencia de una realidad superior.

El Evangelio de Judas radicaliza esta interpretación al presentar a Judas Iscariote como el único discípulo que verdaderamente entiende la naturaleza de Jesús y de su misión. A diferencia de los otros discípulos, quienes representan la ignorancia y la incomprensión, Judas es el iniciado, el receptor de la gnosis, aquel que, al conocer la verdad, asume el papel de "traidor" para cumplir un propósito superior. Este acto, tan incomprendido en los relatos ortodoxos, se convierte en una manifestación de la paradoja gnóstica: a veces, el acto que parece condenable en la superficie es en realidad un camino hacia la libertad.

Los textos gnósticos en general, y el Evangelio de Judas en particular, desafían la narrativa lineal y simplista de los evangelios canónicos. Al hacerlo, plantean preguntas inquietantes sobre la naturaleza de la realidad, el papel de Dios en la creación y el propósito de la vida humana. ¿Es la creación una manifestación de la bondad divina, o es una prisión de la que debemos escapar? ¿Es el alma humana un prisionero o un peregrino en un viaje de retorno hacia la divinidad?

La visión gnóstica propone que cada alma contiene dentro de sí una chispa divina, un fragmento del Pleroma que ha caído en el mundo material y que ansía regresar a su fuente. Este concepto de la caída de las almas en la materia y su eventual redención es central en el pensamiento gnóstico y forma la base de su sistema de creencias y prácticas. Los rituales gnósticos, como la meditación y la visualización, no buscan simplemente la comunión con Dios, sino la trascendencia de las limitaciones del Demiurgo y sus arcontes.

El choque entre gnosticismo y ortodoxia no es solo un conflicto de creencias; representa dos visiones profundamente distintas sobre el papel del ser humano en el universo. Para la ortodoxia, el objetivo es alcanzar la gracia a través de la fe y la obediencia. Para el gnosticismo, el objetivo es despertar a la verdadera naturaleza del ser, descubrir la ilusión de la materia y escapar de las garras del Demiurgo. Este conflicto refleja una tensión entre la conformidad y la rebeldía, entre la aceptación de la realidad tal como se nos presenta y la búsqueda de una verdad más profunda y menos evidente.

El Evangelio de Judas se convierte, en este sentido, en un manifiesto de la tradición gnóstica, una voz de disidencia que cuestiona las estructuras establecidas y plantea una alternativa radical a la narrativa oficial. Este texto no solo redefine a Judas, sino que también redefine a Jesús y su misión, invitando al lector a ver más allá de los límites impuestos por la ortodoxia y a aventurarse en un viaje de autodescubrimiento y emancipación espiritual. Al comprender la cosmovisión gnóstica, uno se encuentra frente a un espejo que refleja no solo la historia de Judas y Jesús, sino también la historia de cada alma que busca su camino de regreso al origen.

La historia del gnosticismo y su relación con la ortodoxia es, en última instancia, una historia de ocultamiento y persecución. Durante siglos, la Iglesia establecida se esforzó por eliminar las ideas gnósticas, considerándolas una amenaza para la unidad y la pureza de la fe cristiana. Sin embargo, estos textos y enseñanzas persistieron, ya sea en comunidades ocultas o en documentos escondidos y redescubiertos siglos después. El Evangelio de Judas, como un eco de esas voces antiguas, llega hasta nosotros como un recordatorio de la diversidad y complejidad de las primeras creencias cristianas y de la rica herencia espiritual que estas corrientes marginales representan.

Al final, la historia de Judas, según el gnosticismo, no es solo la historia de un hombre o de un acto de traición; es un símbolo del viaje del alma hacia el autoconocimiento y la redención. La disyuntiva entre gnosticismo y ortodoxia representa una invitación a cuestionar la realidad, a desafiar las apariencias y a buscar una verdad que está más allá de la comprensión convencional. En este viaje, cada buscador debe enfrentar las preguntas fundamentales sobre la naturaleza del bien y del mal, de la luz y de la oscuridad, y decidir si quiere vivir en el mundo del Demiurgo o aspirar al Pleroma.

La historia del Evangelio de Judas, de su descubrimiento y su contenido, se convierte así en una metáfora de nuestra búsqueda de sentido, de nuestra capacidad para encontrar luz en medio de las sombras, y de nuestra voluntad para desafiar las ilusiones que nos rodean. Como en el relato gnóstico, la verdadera liberación no viene de afuera, sino de la revelación interna, de la chispa de gnosis que cada uno debe encender dentro de sí para ver el mundo tal como realmente es.

Capítulo 4
El Viaje de Judas

Judas Iscariote, el hombre que la historia colocó en el centro de la traición definitiva, es quizás uno de los personajes más complejos y enigmáticos en la narrativa cristiana. La imagen que las escrituras canónicas han transmitido de él es de una frialdad implacable: Judas es el discípulo que vende a su maestro, el traidor que, con un beso, entrega a Jesús a sus captores. Sin embargo, en el Evangelio de Judas, se despliega otra dimensión de su papel. En este texto gnóstico, Judas es alguien llamado a un propósito diferente, envuelto en un viaje que desafía las interpretaciones simplistas y morales de su figura. Esta narrativa lo describe como el único capaz de comprender las palabras más secretas de Jesús, el receptor de un conocimiento que ningún otro discípulo pudo manejar, aquel destinado a un sacrificio incomprendido, incluso doloroso, pero necesario en un plano espiritual más elevado.

El Evangelio de Judas ofrece una perspectiva radicalmente diferente sobre los eventos que han dado forma a la visión cristiana de Judas. En lugar de un acto de traición cínica, su entrega de Jesús es descrita como un acto de colaboración, un pacto oscuro pero necesario para permitir que Jesús cumpla su destino trascendental. Aquí, Judas no es el traidor condenado, sino un participante en una revelación de proporciones cósmicas, un papel que lo conecta con misterios mucho mayores y profundos de lo que la ortodoxia cristiana jamás ha sugerido. La historia de Judas, en este evangelio, es un viaje hacia un entendimiento superior, hacia la comprensión de un propósito que se escapa de los límites de la lógica humana y desafía las normas de moralidad establecidas.

En el Evangelio de Judas, la relación entre Jesús y Judas es profundamente íntima y está impregnada de simbolismo espiritual. Jesús, reconociendo la disposición especial de Judas, lo elige como su confidente. En una escena cargada de misterio, Jesús le revela a Judas los secretos más profundos del cosmos, los secretos que él mismo ha recibido del Dios Supremo, del Pleroma, la fuente de la luz verdadera. En esta conversación privada, se revela que Judas, en cierto sentido, es el "elegido" para cumplir un papel que nadie más entre los discípulos podría asumir, y su sacrificio no es una condena, sino una forma de llevar a cabo un acto de liberación.

Este viaje espiritual de Judas comienza con una revelación fundamental: el mundo material es una prisión, una construcción del Demiurgo y sus arcontes que mantiene a las almas cautivas, impidiéndoles recordar su origen divino. La visión gnóstica, compartida por Jesús en este evangelio, transforma la realidad física en una ilusión, una sombra distorsionada de la verdadera creación que existe en el Pleroma, en las alturas espirituales donde reside el Dios Supremo. Para los gnósticos, este mundo es un lugar de sufrimiento y engaño, y el propósito del alma humana es trascenderlo, recordar su origen y regresar al Pleroma.

En esta perspectiva, la misión de Jesús no es simplemente redimir al hombre del pecado, como proclaman los evangelios ortodoxos, sino ayudar a las almas a escapar de la cárcel del mundo material. Y aquí es donde Judas entra en juego. Jesús le confía que, para completar su misión, necesita ser liberado de su envoltura física, de su cuerpo humano que, al igual que el resto de la creación material, es una manifestación imperfecta del Demiurgo. En una escena poderosa, Jesús le pide a Judas que haga el sacrificio final: que lo entregue a las autoridades para que su espíritu pueda abandonar el cuerpo y regresar a la esfera espiritual de donde vino. Esta petición, radical en su naturaleza, convierte a Judas en una figura trágica y heroica a la vez, alguien que carga con una responsabilidad que lo coloca al borde de la condena terrenal, pero que también le otorga una comprensión que el resto de los discípulos nunca alcanzará.

El papel de Judas en el Evangelio de Judas no es el de un simple discípulo; es un iniciador, un portador del conocimiento secreto que Jesús le transmite en confianza. En este evangelio, los otros discípulos no comprenden a Jesús; lo ven como un salvador en términos terrenos, esperando que establezca un reino visible en la tierra. Pero Judas, en cambio, es instruido en la verdadera naturaleza de Jesús, en su conexión con el Dios Supremo y en su rechazo al Demiurgo, al dios creador del mundo material. Esta comprensión sitúa a Judas en una posición única, una posición que lo convierte en el único discípulo que puede aceptar y asumir el peso de la traición como un acto de sacrificio.

La figura de Judas, vista a través del prisma del Evangelio de Judas, representa la paradoja de la sabiduría oculta, de la verdad que debe permanecer en las sombras. Para los gnósticos, la sabiduría no es accesible para todos; solo aquellos que están dispuestos a romper las barreras de la percepción común y aceptar la naturaleza ilusoria de la realidad pueden recibir el verdadero conocimiento. Judas se convierte así en un arquetipo del buscador gnóstico, alguien que, al enfrentarse a la incomprensión y el rechazo, asume un papel que lo aísla de sus compañeros y lo convierte en un paria, pero también en un portador de la revelación.

La traición de Judas, tal como se presenta en el evangelio gnóstico, es una inversión de los valores tradicionales. En lugar de un acto de deslealtad, se convierte en un acto de obediencia a una verdad superior. Este es un tema recurrente en el pensamiento gnóstico, donde el "traidor" o el "forastero" a menudo simboliza al individuo que ha superado las normas convencionales y ha accedido a un conocimiento reservado para los iniciados. Judas se convierte así en un héroe trágico, alguien que acepta su papel sabiendo que será condenado y odiado, pero también consciente de que solo mediante este sacrificio podrá contribuir a la liberación de Jesús y, simbólicamente, a la liberación de la humanidad de las ataduras materiales.

Este aspecto del viaje de Judas también plantea preguntas profundas sobre la naturaleza del bien y el mal, y sobre la manera en que interpretamos los actos humanos en el contexto de una realidad espiritual superior. ¿Es posible que la traición de Judas no sea realmente una traición? ¿Que, en lugar de condenarlo, lo eleve a un rol esencial en la misión de Jesús? En el Evangelio de Judas, esta traición se reconfigura en un acto de valentía, una colaboración en un plan divino que está más allá del entendimiento de los demás discípulos.

En el centro de esta narrativa se encuentra la enseñanza radical de que la verdadera liberación no puede alcanzarse mediante los métodos convencionales. Para los gnósticos, la salvación no es algo que se obtenga a través de ritos o credos; es un despertar, una gnosis, que transforma la percepción y permite a la persona ver la realidad tal como es. La figura de Judas, entonces, se convierte en un símbolo de esa transformación, de la capacidad de romper con las apariencias y seguir un camino que, aunque doloroso y lleno de incomprensión, conduce a una verdad más profunda.

El viaje de Judas, desde la perspectiva gnóstica, es también una advertencia sobre los riesgos de poseer el conocimiento prohibido. Al aceptar la tarea de traicionar a Jesús, Judas no solo asume la responsabilidad de su propio destino, sino que también se enfrenta al peso de la condena universal. Es una elección que lo coloca en la periferia de la narrativa cristiana, un margen desde el cual observa el drama de la redención con una visión diferente y, en última instancia, incomprendida. La soledad de Judas en este relato refleja la soledad del iniciado gnóstico, del buscador que, al adquirir la gnosis, se separa de la humanidad ordinaria y entra en un estado de alienación espiritual.

El Evangelio de Judas no solo presenta a Judas como un traidor redimido, sino como un prototipo del buscador espiritual, alguien que, aunque condenado en el ámbito terrenal, es glorificado en el plano espiritual. La traición, vista a través de este lente, no es una caída moral, sino una liberación de las limitaciones impuestas por el Demiurgo y sus arcontes. En su entrega de Jesús, Judas actúa en un nivel simbólico, asumiendo el papel de quien entiende la necesidad de trascender el cuerpo físico para acceder a la verdadera libertad.

El viaje de Judas, en el contexto del gnosticismo, resuena como una lección sobre la naturaleza de la sabiduría y el sacrificio. No se trata solo de un viaje hacia el autoconocimiento, sino de una confrontación con los poderes que intentan mantener a las almas en la ignorancia. La elección de Judas, entonces, es una elección entre la sumisión al orden material o la rebeldía contra las estructuras del Demiurgo. En este acto, Judas se convierte en un revolucionario espiritual, un precursor de la gnosis que, a través de su sacrificio, deja un legado de cuestionamiento y de desafío al sistema establecido.

Este relato invita al lector a reexaminar su propia comprensión de la traición, del sacrificio y del propósito espiritual. Al observar el viaje de Judas desde esta perspectiva, se revela una dimensión de valentía y sabiduría en su acto, una dimensión que el cristianismo ortodoxo ha suprimido pero que los textos gnósticos conservan como un testimonio de la resistencia del alma ante el dominio de lo material. Es una historia que trasciende el tiempo, una narrativa que habla no solo de un hombre, sino de cada ser que se enfrenta a la difícil decisión de renunciar a la comodidad de la ignorancia y abrazar la verdad, aunque eso implique incomprensión y soledad.

Así, el viaje de Judas en el Evangelio de Judas es más que una reinterpretación de la traición; es una metáfora del despertar espiritual, del costo de conocer y de la lucha contra las ilusiones del mundo material. Judas Iscariote, en este relato gnóstico, no es el simple traidor que la historia ha descrito, sino el elegido que, a través de su aparente traición, abre el camino para la liberación de las almas atrapadas en la oscuridad de la creación del Demiurgo, hacia la luz infinita del Pleroma.

Capítulo 5
Jesús y el Conocimiento Oculto

En el corazón del Evangelio de Judas, una figura se alza envuelta en misterio y revelación: Jesús, el portador de una sabiduría secreta que contradice todo lo que los discípulos conocen o esperan de él. Este Jesús no es el salvador terrenal que muchos veneran en los evangelios canónicos; es un maestro enigmático, guardián de secretos ancestrales y verdades que solo algunos pueden comprender. El Jesús del Evangelio de Judas ofrece una enseñanza radical, una visión de la realidad que desafía las convenciones y revela una cosmovisión en la que los conceptos tradicionales de pecado y redención se transforman en sombras ante la luz del conocimiento interior y la liberación del alma.

El Evangelio de Judas describe a un Jesús que, en lugar de predicar a las multitudes, se dirige a aquellos que están listos para enfrentar verdades incomprensibles para la mayoría. En sus palabras y en sus revelaciones, se encuentra la idea de que la realidad que percibimos es solo una máscara, una creación ilusoria fabricada por una entidad falsa y limitada: el Demiurgo. Este dios inferior, cuya arrogancia lo lleva a proclamarse creador supremo, ha creado un mundo imperfecto, donde las almas están atrapadas en una red de ilusiones y sufrimientos. En este mundo, la verdadera esencia de lo divino, el Dios Supremo que reside en el Pleroma, permanece oculta para todos, salvo para aquellos que logran despertar de la pesadilla de la materia.

En este evangelio, Jesús muestra a Judas una comprensión del cosmos que trastoca las creencias de los otros discípulos. A través de enseñanzas reservadas exclusivamente para él, Jesús le revela que la salvación no se encuentra en la obediencia ciega ni en la fe en una vida eterna en este mundo o en uno similar. Al contrario, la salvación implica despertar al conocimiento oculto, ese que no está a la vista de todos y que se guarda solo para aquellos capaces de asumir la carga de la verdad. Jesús es, en este contexto, más que un guía; es un umbral hacia la gnosis, un puente entre el mundo visible y las profundidades del Pleroma, el reino de la plenitud donde reside el Dios Supremo.

Una de las revelaciones más impactantes que Jesús le confía a Judas es la naturaleza ilusoria del cuerpo físico. Para los gnósticos, el cuerpo es una cárcel, un caparazón que retiene la chispa divina del alma en el mundo material. Este cuerpo, con sus necesidades y deseos, es un producto de la creación imperfecta del Demiurgo, y el alma, al quedar atrapada en él, se ve separada de su verdadera esencia. Jesús le explica a Judas que su propia misión en la Tierra es escapar de esa prisión, trascender las limitaciones de la carne y regresar a su origen en el Pleroma. En este sentido, la misión de Jesús no es redimir al mundo a través de su sacrificio físico, sino ilustrar a los que tienen oídos para oír que deben liberar sus almas de la esclavitud material.

En el Evangelio de Judas, Jesús advierte sobre el engaño de los rituales y las prácticas religiosas establecidas. Para los gnósticos, las ceremonias y sacrificios promovidos por los seguidores del Demiurgo son una trampa diseñada para mantener a las almas atadas a este mundo. Estos rituales, aunque pueden parecer espirituales, no son más que ilusiones que impiden a las personas ver la verdadera naturaleza de la realidad. Jesús, entonces, se convierte en una figura que rechaza estos sacrificios y enseña que el camino a la verdadera libertad espiritual no se encuentra en las normas establecidas, sino en el conocimiento secreto, en la conexión interna con el Dios Supremo, que trasciende las barreras de la religión formal.

La relación entre Jesús y Judas se revela como una alianza basada en esta sabiduría compartida. En un pasaje inquietante y cargado de simbolismo, Jesús se dirige a Judas como su "estrella", una figura destinada a brillar en un sentido que ninguno de los otros discípulos puede comprender. En este momento, se hace evidente que Judas ha sido elegido para cumplir un papel que va más allá del mero seguimiento de las enseñanzas; él está llamado a ser el instrumento a través del cual Jesús podrá abandonar el mundo material y regresar a su origen divino. Esta elección de Judas como el confidente especial de Jesús es un reconocimiento de su capacidad para soportar la carga del conocimiento, un conocimiento que los demás discípulos no podrían comprender sin ser destruidos por él.

Jesús le enseña a Judas que el conocimiento es una espada de doble filo: tiene el poder de liberar, pero también exige un sacrificio. En el camino de la gnosis, el buscador debe estar dispuesto a renunciar a todo lo que conoce y a enfrentar la soledad, la incomprensión y el rechazo. Judas, como receptor de estas revelaciones, es invitado a cruzar un umbral donde las categorías de bien y mal, de traición y lealtad, pierden su sentido convencional. Jesús le muestra que la verdadera traición no es su entrega física, sino la ignorancia que mantiene a las almas atrapadas en un ciclo de sufrimiento.

Para los gnósticos, la búsqueda de la gnosis es, en última instancia, una lucha contra el Demiurgo y sus arcontes, las entidades que controlan y manipulan el mundo material. En el Evangelio de Judas, Jesús le revela que los otros discípulos, con su comprensión limitada y su ceguera espiritual, siguen siendo prisioneros de estos arcontes. Son incapaces de ver más allá de la superficie y entender que el reino de Dios no es algo que pueda establecerse en la tierra ni en el plano material. Los arcontes, como sirvientes del Demiurgo, desean que las almas permanezcan en el mundo físico, atrapadas en el ciclo interminable de nacimiento y muerte, mientras el verdadero Dios Supremo, el origen de todo, se encuentra más allá del tiempo y el espacio.

Este conocimiento que Jesús comparte con Judas, y que permanece oculto para los otros discípulos, redefine su papel en la narrativa cristiana. En lugar de un traidor, Judas emerge como el único que comprende la naturaleza de la misión de Jesús y el verdadero propósito de su existencia. La traición, entonces, se convierte en una prueba de su comprensión espiritual, un acto que permite que Jesús escape del cuerpo y regrese al Pleroma, a la fuente de la luz divina. Al entregar a Jesús, Judas se convierte en el único discípulo que actúa en consonancia con la revelación secreta, cumpliendo su papel en un drama cósmico que trasciende la moralidad convencional.

En esta relación entre Jesús y Judas, se esconde una enseñanza sobre el sacrificio en su sentido más profundo. El sacrificio no es el acto de dar la vida en el sentido físico, sino de renunciar a las ilusiones, a los lazos con el mundo material, y a los conceptos que nos atan a la falsa creación del Demiurgo. Jesús, en el Evangelio de Judas, representa este sacrificio, no como una víctima, sino como un maestro que utiliza su propia vida como un vehículo para demostrar el camino de la liberación. Su muerte, en este contexto, no es una redención en el sentido tradicional; es un acto simbólico que señala el camino para que otros también puedan buscar su liberación.

La enseñanza de Jesús sobre el conocimiento oculto plantea una pregunta fundamental: ¿Es posible que la verdad de la existencia esté velada, accesible solo para aquellos que están dispuestos a mirar más allá de la superficie? Para los gnósticos, el conocimiento es el único camino hacia la salvación, y el mayor enemigo de este conocimiento es el engaño del mundo físico. La figura de Jesús, entonces, no es solo la de un redentor, sino la de un iniciador, un guía que, al compartir la gnosis con aquellos que pueden comprenderla, abre una puerta hacia una realidad que va más allá de la carne y la sangre.

El Evangelio de Judas revela, en sus profundidades, un mensaje que desafía la lógica humana y cuestiona la narrativa establecida sobre Jesús y su misión. En lugar de una simple historia de traición, este texto se convierte en una alegoría sobre el despertar, una advertencia sobre las trampas del mundo material y una invitación a explorar la naturaleza de la verdadera realidad. Jesús, en este relato, no pide fe ciega ni adoración; pide comprensión y valentía para aceptar la verdad, una verdad que puede ser inquietante y desestabilizadora, pero que es el único camino hacia la libertad.

La relación entre Jesús y Judas, en el contexto del conocimiento oculto, simboliza el viaje del alma hacia el autoconocimiento. La traición de Judas, en lugar de condenarlo, lo consagra como el único que puede ver más allá de las ilusiones del Demiurgo. Es el único que entiende que la muerte de Jesús es necesaria para que su espíritu, y simbólicamente, el espíritu de toda la humanidad, pueda escapar de las limitaciones impuestas por el mundo físico. La figura de Judas se convierte, así, en un símbolo de la valentía necesaria para abrazar la verdad, incluso cuando esto implique ser incomprendido, rechazado y condenado.

En el Evangelio de Judas, la revelación de Jesús sobre el conocimiento oculto se presenta como un desafío a todas las estructuras religiosas y dogmáticas. La salvación, en este contexto, no se encuentra en los templos ni en los rituales, sino en la chispa divina que reside en el interior de cada ser humano. Es una llamada a despertar, a recordar la naturaleza divina del alma y a desafiar las fuerzas que intentan mantener a las almas en un estado de servidumbre espiritual. Jesús, como el portador de esta gnosis, se convierte en el modelo a seguir para aquellos que buscan la verdad, y Judas, como el iniciado, representa al buscador dispuesto a sacrificarlo todo por el conocimiento.

En última instancia, el Evangelio de Judas nos invita a reconsiderar la naturaleza de la traición, la redención y la búsqueda de la verdad. Este Jesús, portador de un conocimiento que permanece oculto para muchos, representa una visión del cristianismo que no busca el consuelo, sino la liberación. Es un llamado a despertar de la ilusión, a recordar nuestra verdadera naturaleza y a caminar el camino hacia el Pleroma, hacia el reino inmaterial del Dios Supremo. Y en este camino, Judas no es solo el traidor; es el aliado que, mediante su acto incomprendido, abre la puerta a la gnosis, a la liberación y al reencuentro con la luz verdadera.

Capítulo 6
El Concepto de Demiurgo

En las profundidades de la cosmovisión gnóstica, una figura oscura y fundamental emerge para explicar el origen del sufrimiento y la naturaleza imperfecta del mundo: el Demiurgo. Este ser, descrito en los textos gnósticos como el artífice del mundo material, no es el Dios Supremo, sino una entidad limitada y egocéntrica que, en su deseo de poder, ha dado forma a una realidad distorsionada y limitada. Para los gnósticos, comprender al Demiurgo es esencial para entender la verdadera naturaleza de la existencia y el origen del mal, y en el Evangelio de Judas, esta figura cobra una relevancia única al ser descrita como el creador del "mundo inferior", el reino de la ilusión que encarcela a las almas humanas.

La tradición cristiana ortodoxa generalmente describe a Dios como un ser único, todopoderoso y benevolente, responsable de la creación de todas las cosas y de la guía moral de la humanidad. Sin embargo, en el gnosticismo, esta idea de una creación armoniosa y perfecta es rechazada de manera rotunda. Los gnósticos ven al mundo material no como una obra de bondad divina, sino como una prisión oscura, un laberinto de ilusiones que perpetúa el ciclo de ignorancia y sufrimiento. El Demiurgo, en esta interpretación, es el ser que ha fabricado esta prisión, manteniendo las almas atrapadas en el ciclo de vida y muerte, lejos de su verdadero hogar en el Pleroma, el reino del Dios Supremo.

El Demiurgo, cuyo nombre significa "artesano" o "constructor", no es, en la visión gnóstica, el Dios Supremo, el Ser Infinito que permanece más allá de la materia y del tiempo.

En cambio, es una figura secundaria, un artífice ciego que, creyéndose dios, ha creado una realidad deficiente. Los textos gnósticos describen al Demiurgo como una entidad que carece de verdadera sabiduría y que, en su arrogancia, se considera el creador absoluto. Esta arrogancia es uno de los aspectos fundamentales de su carácter: aunque está ciego a la verdad del Pleroma, su ignorancia no le impide afirmar su poder sobre el mundo material y las almas que lo habitan.

En el Evangelio de Judas, Jesús revela a Judas el origen y la naturaleza del Demiurgo, explicando que este "dios" inferior no es digno de adoración. Al contrario, Jesús describe al Demiurgo como un tirano que ha usurpado la autoridad divina, imponiendo su dominio sobre una creación defectuosa. Según la narrativa gnóstica, el Demiurgo crea a sus servidores, los arcontes, que le ayudan a gobernar y controlar el mundo físico, manipulando a los seres humanos y manteniéndolos en la ignorancia sobre su verdadera naturaleza divina. Para el gnosticismo, estos arcontes son los guardianes de la prisión terrenal, seres que actúan como intermediarios entre el Demiurgo y las almas atrapadas en la carne.

El Evangelio de Judas, como muchos textos gnósticos, describe el mundo material como una trampa cuidadosamente construida por el Demiurgo. Este "dios creador" se vale de los arcontes para perpetuar un sistema de control, donde las almas quedan atrapadas en el ciclo de nacimiento y muerte sin recordar su origen en el Pleroma. Los gnósticos creen que el Demiurgo actúa no por odio hacia la humanidad, sino por una mezcla de ignorancia y arrogancia: al desconocer la existencia del Dios Supremo, el Demiurgo se convence de que él es la única deidad y que su creación es la realidad última. Esta percepción errónea lleva a la humanidad a idolatrar un falso dios y a buscar la salvación en un mundo material que, en lugar de redimir, esclaviza.

Para los gnósticos, la verdadera creación no es la realidad física; es el Pleroma, la plenitud espiritual donde reside el Dios Supremo. En este reino inmaterial no hay sufrimiento ni muerte, solo unidad y perfección. El Demiurgo, incapaz de comprender esta plenitud, ha creado una realidad fragmentada y opaca, en la que las almas humanas vagan sin rumbo, olvidando su conexión con el Pleroma. Esta es la verdadera tragedia del ser humano, según el gnosticismo: estar atrapado en un cuerpo físico, en un mundo gobernado por un dios falso que impide el acceso a la luz verdadera.

Jesús, en el Evangelio de Judas, muestra una comprensión profunda de la naturaleza del Demiurgo y su sistema de control. Sus enseñanzas a Judas están impregnadas de una crítica a la religión establecida, que venera al Demiurgo sin saber que es una entidad inferior. En este evangelio, Jesús no se presenta como un redentor de pecados, sino como un revelador de verdades ocultas, un maestro que guía a aquellos que pueden comprender hacia el conocimiento del Dios Supremo. La salvación, según Jesús, no se obtiene mediante la obediencia a las normas del Demiurgo, sino a través del despertar de la gnosis, el conocimiento que permite ver más allá de la ilusión.

La figura del Demiurgo en el Evangelio de Judas plantea una visión del mundo en la que el conflicto espiritual es constante. Este ser no es un diablo en el sentido clásico, sino un usurpador que actúa desde la ignorancia, sin comprender la naturaleza de la verdadera divinidad. Su creación, el mundo material, es solo un reflejo distorsionado de la auténtica creación divina, una parodia del Pleroma en la que las almas quedan atrapadas en la dualidad y en el sufrimiento. El Demiurgo gobierna mediante la confusión y el engaño, utilizando el miedo y la desesperanza para evitar que las almas recuerden su origen espiritual.

En este contexto, Jesús enseña a Judas que la verdadera liberación no se encuentra en el mundo material, sino en el despertar de la consciencia, en el reconocimiento de que el Demiurgo no es el Dios Supremo y que su creación no es más que una ilusión. Esta enseñanza es la esencia de la gnosis, el conocimiento secreto que permite al alma escapar del ciclo de muerte y resurrección impuesto por el Demiurgo y sus arcontes.

Al acceder a este conocimiento, el ser humano puede trascender las limitaciones de la materia y encontrar su camino de regreso al Pleroma, donde el Dios Supremo espera el regreso de las almas liberadas.

El Demiurgo, en la tradición gnóstica, representa la encarnación de la ignorancia y el poder mal dirigido. No es, como se mencionó, un ser malvado en un sentido absoluto, sino un ser limitado por su falta de visión. Para los gnósticos, esta falta de visión es precisamente la causa de todos los males del mundo: el Demiurgo crea sin comprender, imponiendo su voluntad sin conocer la plenitud del Pleroma. La creación del mundo material es, entonces, un acto de arrogancia cósmica, un intento de replicar la perfección sin tener el conocimiento necesario para lograrlo. Los errores y las imperfecciones de esta creación son el resultado inevitable de esta ignorancia, y el sufrimiento que experimentan las almas atrapadas es un reflejo de la ceguera del Demiurgo.

El Demiurgo, como figura central en el Evangelio de Judas, plantea preguntas profundas sobre el propósito de la existencia y el significado de la divinidad. Para los gnósticos, el conocimiento de la verdadera naturaleza del Demiurgo es el primer paso hacia la liberación. Una vez que el alma comprende que su sufrimiento no es el resultado de un pecado original, sino de una creación defectuosa, puede comenzar el camino de regreso al Pleroma. En este camino, el conocimiento es la llave que abre la puerta de la liberación, y Jesús, al revelar la naturaleza del Demiurgo a Judas, le ofrece la herramienta necesaria para escapar de las ilusiones del mundo material.

La comprensión del Demiurgo es también una invitación a cuestionar la realidad tal como la conocemos. Si el mundo físico es una prisión y el Demiurgo un tirano cósmico, entonces el propósito de la vida no es adorar a este dios, sino trascender sus limitaciones. En el pensamiento gnóstico, el mundo no es un lugar al que debemos apegarnos, sino una etapa de aprendizaje, un desafío que el alma debe superar para alcanzar su verdadera libertad. La veneración del Demiurgo, como Jesús enseña a Judas, es una trampa que perpetúa la esclavitud espiritual y desvía a las almas de su verdadero propósito.

El Evangelio de Judas, al presentar esta visión del Demiurgo, desafía la ortodoxia y ofrece una alternativa espiritual revolucionaria. En lugar de buscar la salvación en un dios que controla el mundo, los gnósticos buscan liberarse de él, accediendo al conocimiento secreto que revela la naturaleza ilusoria de la materia. Jesús, al compartir esta verdad con Judas, se convierte en un guía hacia la libertad, un maestro que, al exponer las limitaciones del Demiurgo, muestra el camino hacia el Pleroma.

En conclusión, el concepto del Demiurgo en el Evangelio de Judas no es solo una figura mitológica, sino una representación del conflicto entre la ignorancia y la iluminación. Este ser, en su deseo de poder y control, ha creado un mundo imperfecto que mantiene a las almas en el sufrimiento, mientras el verdadero Dios Supremo permanece oculto en el Pleroma. La enseñanza de Jesús a Judas es una llamada a despertar, a ver más allá de las sombras y a reconocer que la salvación no se encuentra en el mundo físico, sino en la liberación del alma a través del conocimiento. Al comprender al Demiurgo y sus engaños, el lector es invitado a emprender su propio camino hacia la gnosis y a descubrir la verdad que yace más allá de la creación material.

Capítulo 7
Dios Supremo y la Plenitud

En el vasto y misterioso panorama del pensamiento gnóstico, se eleva una figura de pureza y profundidad incomparables, un ser inabarcable y supremo que representa la verdadera fuente de toda existencia: el Dios Supremo. A diferencia del Demiurgo, que crea desde la ignorancia y se regocija en su propio poder ilusorio, el Dios Supremo reside en una dimensión inalcanzable para el entendimiento ordinario, un ámbito conocido como el Pleroma o Plenitud. Este Dios no interviene en la creación material, no impone mandatos ni exige adoración, pues su naturaleza es completamente distinta a la de los dioses descritos en los textos canónicos y ortodoxos. En el Evangelio de Judas, el Dios Supremo es la esencia de la divinidad pura, de una realidad que no está contaminada por la imperfección, el sufrimiento o la separación.

El concepto del Pleroma, en el corazón de la teología gnóstica, describe una realidad que está más allá del tiempo, el espacio y la comprensión humana. El Pleroma es el reino de la totalidad, una esfera de luz y unidad absoluta donde reside el Dios Supremo junto a otras emanaciones divinas, conocidas como eones. Estos eones, en su naturaleza, representan diversos aspectos de la divinidad, cada uno con un propósito y una esencia específicos, y juntos componen la plenitud del Ser. En contraste con el mundo material, que se caracteriza por la fragmentación y la carencia, el Pleroma es completo, inmutable y eterno; no es un lugar ni un objeto, sino un estado de ser perfecto, la fuente de todo lo que existe en su forma más pura y trascendental.

A diferencia del Demiurgo, que crea desde el deseo de poder y control, el Dios Supremo es un ser de absoluta paz y quietud, cuya naturaleza es incomprensible para el pensamiento humano limitado. No es un dios que necesite crear ni imponerse, pues ya es total en sí mismo. En el gnosticismo, el Dios Supremo no actúa por necesidad, sino por una abundancia natural de amor y conocimiento, una energía que irradia de su ser como luz pura. Este es el verdadero origen de la existencia, no una creación intencional, sino una expansión espontánea y armoniosa de su plenitud.

La distancia entre el Dios Supremo y el Demiurgo es abismal en todos los aspectos. El Demiurgo, cegado por su propia ignorancia, fabrica una realidad ilusoria y material que aprisiona a las almas en el sufrimiento, mientras que el Dios Supremo permanece inafectado y en completa serenidad en el Pleroma. En esta visión gnóstica, el Demiurgo es el reflejo oscuro e imperfecto de lo que el Dios Supremo representa. Mientras que el Demiurgo reclama adoración y ejerce su autoridad a través del miedo y la confusión, el Dios Supremo no exige veneración, pues su amor es libre y su presencia es incondicional. No necesita de las almas ni del mundo material; él simplemente es, y su existencia es la fuente misma de la verdadera libertad.

En el Evangelio de Judas, Jesús comparte con Judas una comprensión especial de este Dios Supremo y del Pleroma. Al revelarle la verdadera naturaleza de la divinidad, Jesús le muestra a Judas un camino que va más allá de la fe ciega y la obediencia. Este camino es la gnosis, el conocimiento que permite a las almas recordar su origen divino y regresar al Pleroma, la verdadera morada del espíritu. Jesús no aparece como un redentor en el sentido convencional, sino como un maestro que guía hacia la verdadera liberación: la reconexión con el Dios Supremo, una comunión directa y sin intermediarios que está disponible para todos aquellos que puedan despertar de la ilusión impuesta por el Demiurgo.

El concepto del Dios Supremo y el Pleroma plantea preguntas fundamentales sobre la naturaleza de la divinidad y la relación del ser humano con lo sagrado. En el pensamiento gnóstico, la verdadera espiritualidad no se encuentra en el mundo material ni en la adoración de una deidad celosa y autoritaria, sino en el regreso al Pleroma, al estado de unidad original del cual las almas han sido separadas. Esta separación, para los gnósticos, no es una prueba ni un castigo, sino una consecuencia de la creación defectuosa del Demiurgo, un obstáculo que cada alma debe superar mediante el conocimiento y la transformación interior.

El Pleroma, como símbolo de la plenitud, representa la culminación de todo lo que el ser humano puede aspirar a alcanzar en su viaje espiritual. No es solo un lugar al que se llega después de la muerte, sino una condición de existencia que trasciende el tiempo y el espacio. Los gnósticos enseñan que el Pleroma es el estado original y natural del alma, un estado de paz, luz y unidad del que se ha desviado al quedar atrapada en la carne y en la ilusión del mundo físico. En este sentido, el retorno al Pleroma no es un movimiento hacia adelante, sino un regreso a la esencia, una restauración del equilibrio perdido, una vuelta a la totalidad y al conocimiento de sí mismo como parte del Dios Supremo.

La descripción del Pleroma y el Dios Supremo en el Evangelio de Judas también redefine la salvación y la redención. En el cristianismo ortodoxo, la salvación se entiende como el perdón de los pecados y la promesa de una vida eterna junto a Dios. Sin embargo, en el gnosticismo, la salvación es la liberación del ciclo material, una emancipación que solo se logra al recordar la verdadera naturaleza de uno mismo y al escapar de las limitaciones impuestas por el Demiurgo. El Dios Supremo, entonces, no es un juez ni un salvador en el sentido tradicional; es el origen inmutable y la meta última, el lugar al que el alma pertenece y al que debe regresar.

Esta visión del Dios Supremo también pone en tela de juicio las nociones convencionales de moralidad y justicia. En el Evangelio de Judas, Jesús no se presenta como un predicador de normas éticas, sino como un revelador de verdades superiores. La moralidad, en la perspectiva gnóstica, no es una cuestión de obedecer mandamientos, sino de liberarse de la ignorancia y recordar la propia naturaleza divina. El Pleroma es, en este sentido, un estado de pureza incondicional, un lugar donde no existen el juicio ni el castigo, porque todos los seres que alcanzan este estado de iluminación están en perfecta armonía con la esencia de lo divino.

El Dios Supremo y el Pleroma también representan, para el ser humano, una promesa de paz y comprensión más allá de la experiencia física. En el mundo material, dominado por el Demiurgo y los arcontes, el alma está sujeta a un flujo constante de deseo, sufrimiento y confusión. Pero en el Pleroma, la verdadera paz aguarda a aquellos que logran trascender el velo de la ilusión. Esta paz no es la ausencia de conflicto, sino una realización completa de la unidad del ser. Es la culminación de un viaje interior en el que la dualidad se disuelve y solo permanece la luz del Dios Supremo, iluminando todo con su presencia infinita.

La relación entre el ser humano y el Dios Supremo, tal como se describe en el Evangelio de Judas, es una relación de pura intimidad y reconocimiento. No se trata de una sumisión o una adoración externa; es una comunión interior que cada alma lleva consigo y que puede redescubrir en cualquier momento, si logra ver más allá de las apariencias y abrirse al conocimiento secreto. El Dios Supremo no está separado de las almas que creó en su esencia, y el Pleroma es, en última instancia, el lugar al que todas las almas están destinadas a regresar, una vez que han alcanzado la gnosis y han escapado de la prisión de la materia.

Para los gnósticos, el viaje espiritual es un proceso de despojamiento, de liberación de todo aquello que no es verdadero ni esencial. El Dios Supremo no requiere de rituales, sacrificios o credos; solo necesita que las almas recuerden quiénes son y de dónde vienen. En este camino de retorno al Pleroma, la búsqueda de la gnosis es fundamental, pues es el medio por el cual el alma puede distinguir entre la ilusión y la realidad, entre el poder falso del Demiurgo y la auténtica paz del Dios Supremo.

Al enseñar a Judas sobre el Dios Supremo y el Pleroma, Jesús le otorga una visión de la existencia que desafía las creencias ordinarias y transforma la experiencia humana en un camino de autoconocimiento y liberación. Esta enseñanza es el núcleo de la misión gnóstica, un llamado a despertar del sueño de la materia y a recordar el hogar del alma en el Pleroma. Judas, como el receptor de esta verdad, se convierte en el prototipo del iniciado que, a pesar de la incomprensión y el rechazo, abraza el conocimiento y el sacrificio necesarios para trascender el mundo físico y regresar al reino de la luz.

  En última instancia, el Dios Supremo y el Pleroma representan la esperanza final para cada alma en su viaje a través del mundo material. No son simplemente ideas abstractas o remotas; son la esencia misma de lo que cada ser humano es y lo que está destinado a ser. Al entender esta verdad, el lector del Evangelio de Judas es invitado a mirar más allá de las ilusiones y a recordar su propia naturaleza divina, un fragmento del Dios Supremo que espera su regreso al Pleroma. El viaje hacia este destino es la verdadera salvación

Capítulo 8
Luz y Oscuridad en el Gnosticismo

En el corazón de la cosmovisión gnóstica, un tema esencial atraviesa sus enseñanzas y simbolismos: el dualismo de luz y oscuridad. Esta dualidad no solo configura la estructura del universo según el pensamiento gnóstico, sino que también traza el camino de cada alma en su búsqueda de retorno a su origen divino. En este marco, luz y oscuridad no son simplemente fuerzas opuestas en un sentido moral, sino estados de ser profundamente intrincados que describen la lucha entre el conocimiento y la ignorancia, entre la realidad espiritual y la ilusión material, entre la plenitud del Pleroma y la prisión del mundo físico. En el Evangelio de Judas, esta batalla cósmica de luz y oscuridad se despliega en las revelaciones de Jesús a Judas, revelaciones que señalan el camino hacia el conocimiento secreto y la liberación.

La luz, para el gnosticismo, simboliza la verdad suprema, el conocimiento divino y la presencia del Dios Supremo. Es la esencia pura y plena que brilla en el Pleroma, el reino de la perfección, y de la cual provienen todas las almas. Esta luz es inmutable, no está limitada por el tiempo o el espacio, y no puede ser contaminada por la creación material del Demiurgo. En el Pleroma, cada eón, o emanación divina, es una manifestación de esta luz, un aspecto de la divinidad que ilumina la verdadera naturaleza de la existencia. Las almas, en su origen, son fragmentos de esta luz, chispeantes partículas del Dios Supremo que han sido separadas de su fuente y atrapadas en el mundo de las sombras.

La oscuridad, por otro lado, representa la ignorancia, la ceguera y la ilusión. Es la manifestación del Demiurgo y de sus servidores, los arcontes, quienes han creado un mundo que imita la realidad divina, pero de manera imperfecta y engañosa. En este mundo material, la oscuridad actúa como un velo que cubre la verdadera naturaleza de las almas, haciéndolas olvidar su origen en la luz y sumiéndolas en un ciclo perpetuo de nacimiento, sufrimiento y muerte. La oscuridad, en el pensamiento gnóstico, no es solo la ausencia de luz, sino una fuerza activa que distorsiona la percepción y aleja a las almas de su camino hacia el Pleroma.

En el Evangelio de Judas, Jesús revela a Judas la verdad sobre esta dualidad fundamental y lo instruye sobre la naturaleza de la lucha espiritual que cada alma debe enfrentar. La misión de Jesús, según este evangelio, no es redimir al mundo material ni establecer un reino en la tierra, sino enseñar a aquellos que pueden comprender que su verdadera herencia no es de este mundo. La salvación, en la perspectiva gnóstica, no implica un perdón de pecados, sino un despertar de la luz interior que permite a cada alma ver más allá de la oscuridad de la creación del Demiurgo.

La relación entre luz y oscuridad en el Evangelio de Judas plantea una visión radicalmente diferente de la vida humana y del propósito de la existencia. En lugar de un mundo ordenado por un dios benevolente que recompensa y castiga, el gnosticismo propone una realidad dividida entre una divinidad suprema y un usurpador que retiene las almas en la ignorancia. Este cosmos dualista establece una línea de conflicto en la cual cada ser humano debe tomar partido, eligiendo entre las distracciones y tentaciones del mundo físico, gobernado por el Demiurgo, o el llamado del conocimiento y el retorno al Pleroma.

El simbolismo de la luz, en este contexto, va más allá de lo literal. La luz representa la sabiduría que guía y el poder que disipa la oscuridad de la ignorancia. Esta luz es el núcleo de la gnosis, el conocimiento secreto que Jesús comparte con Judas y que permite a las almas ver el mundo tal como es. La gnosis, o conocimiento revelado, se convierte en la antítesis de la oscuridad, un destello que, una vez encendido en el interior de un individuo, ilumina su camino hacia la liberación. La luz de la gnosis no es simplemente información, sino una verdad viviente que permite al ser humano reconocerse a sí mismo como un fragmento del Pleroma, destinado a regresar al Dios Supremo.

El Evangelio de Judas muestra cómo esta luz puede ser encontrada y cómo la oscuridad debe ser desafiada. Jesús le explica a Judas que el verdadero obstáculo no es el pecado en un sentido moral, sino la ignorancia que mantiene a las almas atrapadas en el ciclo material. Los arcontes, como servidores del Demiurgo, actúan como guardianes de la oscuridad, manteniendo el orden ilusorio del mundo material y desviando a las almas de la búsqueda de la verdad. Esta oscuridad se impone a través del engaño, la distracción y el deseo, herramientas que los arcontes utilizan para mantener a los seres humanos enfocados en lo efímero y en las ataduras de la carne.

La dualidad de luz y oscuridad, entonces, plantea una lucha que no se libra en el exterior, sino en el interior de cada alma. El Evangelio de Judas presenta a Judas como el discípulo que, al recibir la gnosis de Jesús, toma conciencia de esta batalla interna y se convierte en el elegido para asumir un papel único en el plan cósmico. La traición que se le atribuye, en lugar de ser un acto de maldad, es en realidad un sacrificio que permite a Jesús liberar su espíritu de la prisión del cuerpo. Este acto simbólico de entrega revela la verdad sobre la naturaleza del mundo y de la misión de Jesús: no preservar el cuerpo, sino guiar a las almas hacia la luz.

Para los gnósticos, la existencia humana está marcada por la experiencia de esta dualidad. La luz de la verdadera esencia divina permanece oculta en el interior del ser humano, mientras que la oscuridad del Demiurgo y sus arcontes la cubren, desviando la atención hacia los placeres, los deseos y las ilusiones del mundo físico. Esta realidad fragmentada y confusa es la que mantiene a las almas en un estado de ignorancia, en el cual no pueden reconocer su verdadera naturaleza. La oscuridad, en este sentido, se convierte en la barrera que el buscador espiritual debe cruzar para alcanzar la iluminación y el conocimiento del Pleroma.

La narrativa de luz y oscuridad en el Evangelio de Judas no solo describe una batalla cósmica, sino también una guía para el camino espiritual. El proceso de despertar gnóstico consiste en encender la chispa de luz que cada alma lleva en su interior y permitir que esa luz crezca hasta disolver la oscuridad que la rodea. Esta luz interior es el conocimiento de la verdadera naturaleza de uno mismo y la conexión con el Dios Supremo. No se trata de un acto de fe, sino de un reconocimiento de la propia esencia, una chispa del Pleroma que, al recordar su origen, ilumina el sendero de regreso a la plenitud.

La oscuridad, entonces, se revela como la gran prueba de la existencia humana. Enfrentar esta oscuridad no es fácil; requiere valentía y una disposición para ver más allá de las apariencias. Los gnósticos enseñan que la mayoría de las personas viven en una condición de ceguera espiritual, atrapadas en las sombras proyectadas por el Demiurgo y sus arcontes. Solo aquellos que buscan la verdad en su interior, que se atreven a cuestionar la realidad visible y a indagar en el conocimiento oculto, pueden descubrir la luz que mora en su ser y romper las cadenas de la ilusión.

En el Evangelio de Judas, Jesús muestra que la redención no es un acto externo de salvación, sino un proceso de iluminación personal. Judas, al recibir esta gnosis, asume el papel de quien, aunque condenado en el mundo físico, ha accedido a una comprensión superior. Este conocimiento lo libera de las categorías convencionales de traición y redención, y lo eleva a un estado en el cual la dualidad de luz y oscuridad se convierte en una verdad interior, una guía para trascender las limitaciones impuestas por el Demiurgo.

El viaje hacia la luz es, en última instancia, el camino de retorno al Pleroma, donde el alma puede finalmente descansar en la plenitud. En este sentido, la batalla entre luz y oscuridad no tiene como objetivo la destrucción del mundo físico, sino la trascendencia de sus limitaciones. La verdadera victoria no se encuentra en vencer a la oscuridad, sino en recordar la luz que siempre ha estado presente en el interior. Este es el propósito último de la gnosis: devolver a las almas a la conciencia de su origen divino, liberarlas de la ilusión del Demiurgo y guiarlas hacia el estado de perfección y unidad en el Pleroma.

En conclusión, el dualismo de luz y oscuridad en el Evangelio de Judas es mucho más que un simple enfrentamiento entre fuerzas opuestas; es una narrativa que invita al lector a explorar su propia naturaleza y a buscar la verdad en lo profundo de su ser. La luz no es solo una fuerza externa, sino una esencia interna que, una vez encendida, disuelve las sombras de la ignorancia y permite ver la realidad tal como es. Y la oscuridad, aunque parece una prisión, es también el desafío que impulsa al alma a despertar, a recordar su verdadera naturaleza y a emprender el viaje hacia el Pleroma, hacia la luz infinita del Dios Supremo.

Capítulo 9
La Creación del Mundo Material

En la narrativa gnóstica del Evangelio de Judas, la creación del mundo material es presentada no como un acto de bondad divina, sino como una consecuencia de la ignorancia y la soberbia de un ser imperfecto: el Demiurgo. Este ser, a diferencia del Dios Supremo que habita en el Pleroma, carece de la verdadera sabiduría y del poder de la plenitud. En su ceguera y desconexión de la esencia divina, el Demiurgo crea un cosmos imperfecto, lleno de sufrimiento y limitaciones, en el cual las almas quedan atrapadas, olvidando su origen y naturaleza verdaderos.

Según el gnosticismo, el mundo material es, en esencia, una ilusión, una prisión en la cual las almas son retenidas y alejadas de la luz del Dios Supremo. Este universo, que en las doctrinas ortodoxas podría considerarse una obra de perfección y armonía, es en realidad una estructura opaca, donde el engaño y el dolor predominan. En esta visión gnóstica, el Demiurgo actúa como un falso dios, proclamando su supremacía sin reconocer la existencia de un reino superior, el Pleroma, y de un Dios Supremo cuya paz y plenitud son inalcanzables para la creación material.

El proceso mediante el cual el Demiurgo crea el mundo material está teñido de su propia ignorancia. Sin el conocimiento del Pleroma, el Demiurgo no comprende la esencia de la verdadera divinidad y, en su empeño de crear algo que imite el poder y la grandeza del Dios Supremo, da forma a un universo fragmentado y defectuoso. Este cosmos, aunque presenta una estructura y orden aparentes, es una realidad distorsionada en la cual el sufrimiento y la muerte son inevitables. La vida en este mundo, dominado por las leyes de la física y la biología, mantiene a las almas atrapadas en una continua lucha, alejadas de su verdadera fuente de paz y unidad.

En el Evangelio de Judas, Jesús enseña que este mundo material es un engaño, una trampa creada para atrapar y someter a las almas. Le revela a Judas que el Demiurgo y sus servidores, los arcontes, son responsables de mantener el velo que cubre la verdad, utilizando el mundo físico como un medio para distraer y someter a las almas. Estos arcontes son seres que sirven al Demiurgo y, en muchos relatos gnósticos, son los administradores del universo material. Su tarea es supervisar las actividades humanas, manipular los deseos y pensamientos de los seres humanos y perpetuar el ciclo de reencarnación, de modo que las almas no puedan escapar del mundo físico.

La creación del mundo material, según el gnosticismo, no es un acto de creación en el sentido puro y divino, sino una obra de limitación. El Demiurgo, en su ceguera, ha creado una realidad que funciona bajo las restricciones del tiempo, el espacio y la dualidad. El ser humano, atrapado en esta realidad, experimenta una existencia llena de opuestos: placer y dolor, vida y muerte, amor y odio. Esta dualidad es parte de la ilusión del Demiurgo, un mecanismo que mantiene a las almas confundidas y sometidas a un ciclo de nacimiento y muerte que les impide recordar su origen y regresar al Pleroma.

La creación material es vista por los gnósticos como una cárcel, y el cuerpo físico, como una cadena que retiene la chispa divina de cada alma. El Evangelio de Judas describe cómo las almas, al quedar atrapadas en esta dimensión de materia y limitación, olvidan su conexión con el Dios Supremo. En lugar de vivir en la paz y la unidad del Pleroma, las almas están sujetas a los deseos y necesidades del cuerpo, un estado de existencia que mantiene a cada individuo en constante conflicto y sufrimiento. Las almas quedan enredadas en los apegos del mundo físico, en sus emociones, en sus anhelos y temores, todos ellos herramientas de los arcontes para mantener el control sobre la humanidad.

Jesús, al compartir esta sabiduría con Judas, no solo expone la verdadera naturaleza del Demiurgo, sino que también señala el camino para escapar de la prisión material. Según el Evangelio de Judas, la liberación no se alcanza a través de la fe en el Demiurgo, sino a través de la gnosis, el conocimiento secreto que permite ver más allá de las ilusiones. Esta gnosis es la chispa de iluminación que disuelve el velo de la materia y permite que el alma recuerde su verdadera naturaleza como un fragmento del Pleroma, destinada a regresar al Dios Supremo.

La estructura del mundo material, entonces, se revela como una especie de juego de espejos, una realidad ilusoria que parece consistente y sólida, pero que en realidad es efímera y transitoria. El Demiurgo, al no comprender la verdadera naturaleza de la creación, ha creado un universo que imita la plenitud del Pleroma, pero de forma imperfecta y superficial. Esta distorsión se manifiesta en todas las experiencias de la vida física: el placer que se desvanece, el amor que se convierte en apego, la salud que se deteriora y la vida que se ve constantemente amenazada por la muerte. Para los gnósticos, estas experiencias son recordatorios de la imperfección inherente del mundo material y de la necesidad de buscar un camino de regreso al Pleroma.

La enseñanza de Jesús a Judas revela que este mundo es una etapa de pruebas y aprendizaje, pero no el destino final del alma. La verdadera vida, la vida eterna en la plenitud del Pleroma, no puede alcanzarse mientras el alma esté atrapada en la prisión de la materia. Los deseos, las ambiciones y los miedos que el ser humano experimenta en el mundo físico son obstáculos que los arcontes utilizan para mantener el control. Estos seres, bajo el mando del Demiurgo, generan caos y distracción, de modo que las almas permanezcan ignorantes de su verdadero propósito y de su conexión con el Dios Supremo.

La creación del mundo material plantea, entonces, una paradoja para el ser humano: mientras que el cuerpo físico permite la experiencia y el aprendizaje, también actúa como un límite que separa al alma de su esencia divina. El cuerpo, como creación del Demiurgo, es un instrumento de limitación, un vehículo que está sujeto a la decadencia y que sirve a los intereses del mundo material. En el gnosticismo, la verdadera libertad no se encuentra en el bienestar físico ni en la satisfacción de los deseos, sino en la trascendencia de estas necesidades y en la conexión con la luz interior que cada alma posee.

Para los gnósticos, el propósito de la vida humana no es adorar al Demiurgo ni cumplir con los mandatos de la creación material, sino recordar y regresar a la luz del Pleroma. Este regreso no es un movimiento en el espacio físico, sino un proceso de despertar espiritual, un viaje interno que permite al alma ver la realidad material como lo que realmente es: una ilusión creada por un ser imperfecto. En este sentido, el despertar gnóstico implica una renuncia al apego por el mundo físico, una reorientación de la conciencia hacia el conocimiento de la verdadera esencia del ser.

En el Evangelio de Judas, Jesús aparece no como un redentor que promete salvar al mundo, sino como un guía que señala la naturaleza ilusoria de la creación y ofrece una salida a aquellos que están dispuestos a aceptar la gnosis. Su misión no es rescatar al ser humano del pecado, sino revelarle la verdad sobre el mundo y su origen en el Pleroma. En sus enseñanzas, Jesús le explica a Judas que el propósito de la existencia humana no es el sufrimiento interminable ni la adoración del Demiurgo, sino la liberación a través del conocimiento de la verdadera naturaleza de uno mismo y del universo.

Este conocimiento es el primer paso hacia la liberación de las ataduras de la materia. Al entender que el mundo físico es una creación defectuosa y que el cuerpo es solo una cárcel temporal, el alma comienza a liberarse de las limitaciones impuestas por el Demiurgo y los arcontes. La gnosis permite ver la vida desde una perspectiva diferente, no como una serie de placeres y dolores que deben ser evitados o abrazados, sino como una oportunidad para transcender la prisión de la carne y regresar a la verdadera realidad, donde el alma ya no está sujeta a la dualidad ni a la impermanencia.

La creación del mundo material, desde la perspectiva gnóstica del Evangelio de Judas, es tanto una prueba como una trampa. Es una prueba en la medida en que permite al alma demostrar su capacidad para resistir las ilusiones del Demiurgo y buscar la luz. Es una trampa porque, al permanecer ignorante de su naturaleza divina, el ser humano puede quedar atrapado en el ciclo de nacimiento y muerte, sin alcanzar nunca la verdadera libertad. En esta visión, el mundo material no es un lugar de redención, sino un laberinto del que solo se puede salir mediante el conocimiento y la comprensión profunda de la realidad.

Así, el Evangelio de Judas invita al lector a ver el mundo desde una nueva perspectiva, a cuestionar las estructuras y limitaciones que se le han impuesto y a buscar una verdad que trascienda la apariencia. La creación del mundo material, lejos de ser una obra perfecta, es una prisión diseñada por un ser ciego y egocéntrico. Solo aquellos que buscan el conocimiento, aquellos que se atreven a enfrentar la ilusión y a descubrir su luz interior, pueden encontrar el camino de regreso al Pleroma y al Dios Supremo, la fuente de toda paz y plenitud.

Capítulo 10
La Realidad Espiritual

En el Evangelio de Judas, la noción de realidad espiritual emerge como una revelación inquietante y transformadora, un recordatorio de que lo que percibimos a través de nuestros sentidos no es la auténtica esencia de la existencia. Para los gnósticos, la realidad espiritual es la verdadera dimensión de lo divino y lo eterno, una esfera que reside en un plano más allá del alcance humano ordinario, un espacio donde las almas encuentran su verdadero hogar. Esta realidad, lejos de ser algo que puede tocarse o medirse, es la esencia misma del ser y la meta final de la búsqueda espiritual.

La visión gnóstica de la realidad espiritual es fundamentalmente dualista: divide la existencia en dos esferas, una de luz y otra de sombras, una de verdad y otra de ilusión. El mundo material, gobernado por el Demiurgo y sus arcontes, es una creación imperfecta que aprisiona y engaña, mientras que la realidad espiritual, vinculada al Pleroma y al Dios Supremo, es la fuente de toda paz, conocimiento y perfección. Este dualismo gnóstico presenta a las almas como chispas divinas, fragmentos del Dios Supremo atrapados en el ciclo de nacimiento y muerte, enredadas en los deseos, miedos y sufrimientos de la carne.

La verdadera naturaleza del alma, según los gnósticos, es espiritual y eterna, y su origen es el Pleroma, la plenitud donde reside el Dios Supremo. A diferencia de la realidad material, donde todo es transitorio y está marcado por la decadencia, la realidad espiritual es inmutable y pura. En esta esfera espiritual, no existen el tiempo ni la separación; no hay dualidad, no hay fragmentación. Allí, todo es unidad y totalidad, un estado de paz que está más allá de la comprensión humana limitada. El Pleroma es la verdadera patria de las almas, el lugar al que anhelan regresar, pero que han olvidado debido a la interferencia del Demiurgo y su creación ilusoria.

Jesús, en el Evangelio de Judas, expone esta verdad espiritual a Judas, revelándole que la existencia terrenal es solo una sombra de lo que realmente es la vida. Explica que la salvación no implica mejorar el mundo material ni alcanzar una posición elevada dentro de él, sino trascenderlo por completo. Esta es una enseñanza que desafía los conceptos ortodoxos de redención y fe, ya que no busca encontrar consuelo en el mundo físico, sino guiar al alma hacia un despertar que le permita recordar su origen espiritual y volver al Pleroma.

La realidad espiritual, en el pensamiento gnóstico, es accesible solo a través de la gnosis, un conocimiento profundo que ilumina la verdadera naturaleza del ser y desvía la atención del alma de las ilusiones materiales. Este conocimiento, que no puede ser encontrado en la enseñanza ordinaria ni en las prácticas religiosas formales, actúa como una chispa que enciende el recuerdo del origen divino del alma. La gnosis es, para los gnósticos, la puerta de entrada a la realidad espiritual, el primer paso para escapar de la prisión del Demiurgo y descubrir la plenitud del Pleroma.

En el Evangelio de Judas, se sugiere que la realidad material es una especie de proyección, una copia defectuosa de la auténtica realidad espiritual. El Demiurgo, al crear el mundo físico, no logró capturar la perfección del Pleroma, y lo que surgió de su obra fue un universo marcado por la imperfección, la limitación y el sufrimiento. Este cosmos es, en esencia, un reflejo distorsionado, una trampa diseñada para mantener a las almas confundidas y desconectadas de su esencia verdadera. La tarea de cada alma, entonces, es reconocer esta ilusión y buscar la realidad que se encuentra más allá de las apariencias.

Para los gnósticos, el cuerpo es el principal obstáculo en el camino hacia la realidad espiritual. Al estar ligado a los deseos, los sentidos y las necesidades materiales, el cuerpo actúa como una barrera que dificulta la percepción de la verdadera naturaleza del alma. La realidad espiritual no puede ser captada a través de los sentidos físicos, pues trasciende toda forma y toda manifestación física. En cambio, solo puede ser comprendida mediante una transformación interna, un despertar que permita ver más allá de las limitaciones del cuerpo y conectar con la esencia espiritual.

Jesús, en su enseñanza a Judas, describe esta transformación como un proceso de autoconocimiento y renuncia al mundo material. No se trata de una negación o rechazo del cuerpo en sí mismo, sino de una comprensión de que el cuerpo es solo una herramienta temporal, una envoltura que debe ser trascendida para acceder a la plenitud. En el Evangelio de Judas, este proceso es simbolizado por la traición de Judas, un acto que, en lugar de ser una simple traición, representa la liberación de Jesús de la prisión de la carne y su retorno a la realidad espiritual.

La realidad espiritual, como se describe en el gnosticismo, también es un estado de unidad en el cual las divisiones y dualidades del mundo material desaparecen. En el Pleroma, no existe el conflicto ni la separación, porque todos los aspectos de la existencia están en perfecta armonía. Cada alma es una expresión de la luz divina y, al regresar al Pleroma, vuelve a formar parte de la plenitud de la divinidad. Este estado de unidad es el destino final de las almas, una realidad sin límites en la cual el conocimiento y el ser son uno solo.

La dualidad entre la realidad material y la realidad espiritual plantea, para los gnósticos, una visión del mundo en la cual el propósito último no es vivir conforme a las reglas del Demiurgo, sino liberarse de ellas. La vida en la carne, con sus deseos y temores, es una distracción de la verdadera tarea del alma, que es recordar y regresar a su origen en el Pleroma. En este sentido, la realidad espiritual es la meta y el fin de todas las aspiraciones del ser humano, un estado de completa paz y comprensión donde el alma se reconcilia con su esencia divina.

La enseñanza gnóstica contenida en el Evangelio de Judas invita a considerar la realidad material como una prueba o desafío. La carne y sus limitaciones son, desde esta perspectiva, obstáculos que el alma debe superar a través de la gnosis y el autoconocimiento. La búsqueda de la verdad es, en última instancia, la búsqueda de la realidad espiritual, de un estado de consciencia donde el alma pueda recordar su origen divino y alcanzar la libertad del ciclo de muerte y renacimiento impuesto por el Demiurgo.

Este concepto de la realidad espiritual también implica un rechazo a los valores y estructuras del mundo físico. En el gnosticismo, la moralidad convencional y las prácticas religiosas establecidas no son suficientes para alcanzar el Pleroma. Solo mediante la gnosis, un conocimiento secreto y transformador, puede el alma liberarse de las ataduras de la carne y conectarse con el Dios Supremo. Esta enseñanza es radical, ya que desafía las creencias tradicionales sobre el bien y el mal, sobre el propósito de la vida y la salvación, proponiendo en su lugar un viaje de autodescubrimiento y liberación.

El Evangelio de Judas, al revelar esta enseñanza a través de Jesús, ofrece una perspectiva en la que la muerte misma es vista como una transición, un paso hacia la realidad espiritual. La muerte, desde este punto de vista, no es algo que deba temerse, sino una oportunidad de liberación. Para los gnósticos, el cuerpo es solo una cárcel temporal, y la muerte es el momento en el cual el alma puede finalmente escapar de las limitaciones físicas y regresar al Pleroma. Este regreso, sin embargo, no es automático; solo aquellos que han adquirido la gnosis y que han comprendido la verdadera naturaleza de la existencia pueden atravesar la muerte sin volver a ser atrapados en el ciclo material.

La realidad espiritual es, en última instancia, una invitación a mirar más allá de lo visible, a reconocer que el mundo físico es solo una capa superficial de la existencia. Los gnósticos creen que, al acceder a la gnosis, el alma despierta a esta realidad más profunda y se vuelve capaz de experimentar una paz que no depende de los sucesos materiales ni de las fluctuaciones del cuerpo. Esta paz es la expresión de la unión con el Dios Supremo, el estado final de libertad en el cual el alma recuerda su origen y su destino en el Pleroma.

En conclusión, la realidad espiritual, tal como se presenta en el Evangelio de Judas, es un estado de perfección y unidad que trasciende las ilusiones y limitaciones de la vida terrenal. Este es el verdadero objetivo del camino gnóstico: no adorar al Demiurgo ni encontrar sentido en el sufrimiento de la carne, sino liberarse de todo lo que no pertenece a la esencia divina. La realidad espiritual es el hogar al que cada alma pertenece, y el gnosticismo enseña que, al despertar a esta verdad, el ser humano puede finalmente dejar atrás el mundo de las sombras y abrazar la luz eterna del Pleroma.

Capítulo 11
El Papel de los Arcontes

En el enigmático universo del Evangelio de Judas y la cosmovisión gnóstica, los arcontes se presentan como figuras claves, seres poderosos que mantienen el orden de la creación material bajo el dominio del Demiurgo. Estos arcontes, cuya misión principal es someter y desviar a las almas, son considerados guardias celosos del mundo físico, diseñados para retener a las almas en un ciclo interminable de nacimiento, sufrimiento y muerte. En esta narrativa gnóstica, los arcontes son más que simples agentes del Demiurgo; son los señores de la ilusión, los artífices de una realidad que impide a las almas recordar su origen divino y regresar al Pleroma.

Los arcontes, en su esencia, son creaciones del Demiurgo, entidades que surgen como manifestaciones de su poder y de su ignorancia. Su existencia se define por su función de mantener la prisión cósmica, un sistema que asegura que las almas permanezcan en la ceguera espiritual. Aunque son menos conocidos y mencionados en la tradición ortodoxa, en el gnosticismo ocupan un papel crucial, ya que son los guardianes de las fronteras que separan el mundo material de la realidad espiritual. Al actuar como intermediarios del Demiurgo, se convierten en instrumentos de control, distorsionando la percepción de la realidad y manteniendo a la humanidad enfocada en las ilusiones del mundo material.

Según el Evangelio de Judas y otros textos gnósticos, los arcontes emplean diversas tácticas para mantener a las almas atrapadas. Su principal herramienta es el engaño, un tipo de ilusión que afecta tanto los sentidos como el intelecto humano. La confusión que generan no solo distorsiona la percepción del mundo externo, sino que también afecta el entendimiento interior de cada individuo, llevándolo a identificarse plenamente con el cuerpo, con las emociones y con el ego, y, de esta forma, alejándolo de la comprensión de su verdadera esencia espiritual. Al manipular la realidad física y psicológica, los arcontes refuerzan la idea de que el mundo material es la única existencia posible, impidiendo a las almas vislumbrar el Pleroma.

Una de las estrategias más efectivas de los arcontes es el estímulo de los deseos y miedos. Los gnósticos enseñan que los arcontes fomentan la atracción por los placeres físicos, los bienes materiales y los logros mundanos, que son vistos como herramientas de distracción que atan a las almas al ciclo de renacimiento y muerte. El apego a estas ilusiones fortalece la ignorancia, sumergiendo a las almas en una red de deseos y ansiedades que actúan como cadenas invisibles, asegurando su confinamiento en la creación defectuosa del Demiurgo. Los arcontes, en este sentido, son arquitectos de una cárcel psicológica, hábiles en la manipulación de las emociones y los pensamientos para controlar a la humanidad.

En el Evangelio de Judas, Jesús revela a Judas la existencia y función de estos arcontes, describiéndolos como entidades que se alimentan de la ignorancia y la sumisión humana. Esta enseñanza actúa como una advertencia y una guía; al comprender el papel de los arcontes, el alma comienza a despertar a la realidad de su situación, desarrollando una capacidad para ver más allá de las apariencias y rechazar la influencia de estos seres. La verdadera libertad, según esta visión, no radica en acumular poder o posesiones en el mundo material, sino en la capacidad de desvincularse de las ataduras impuestas por los arcontes y de ver la realidad como realmente es.

Los arcontes también controlan el ciclo de vida y muerte. En el pensamiento gnóstico, la reencarnación no es una oportunidad de redención, sino una trampa diseñada para reciclar las almas en el mundo físico, manteniéndolas alejadas del Pleroma. Los arcontes, al supervisar este ciclo, aseguran que las almas no puedan escapar de la prisión de la carne, forzándolas a repetir una y otra vez la experiencia de la vida material. La gnosis, el conocimiento revelador, es el único camino para interrumpir este ciclo. Solo aquellos que adquieren la gnosis y recuerdan su verdadera naturaleza pueden romper el ciclo de la reencarnación y liberarse del dominio de los arcontes.

En este contexto, el papel de los arcontes va más allá de la simple opresión; son los guardianes de una ilusión profundamente arraigada, encargados de asegurar que las almas no despierten. Su dominio se extiende no solo a nivel físico, sino también a nivel mental y emocional. Crean sistemas de creencias y estructuras de poder que refuerzan la sumisión y el conformismo, manteniendo a la humanidad en un estado de ignorancia sobre su origen y destino espiritual. Así, los arcontes manipulan las religiones, la política y las normas sociales, estableciendo un orden en el que la búsqueda de la verdad espiritual es sofocada o desviada hacia objetivos materiales y transitorios.

El gnosticismo enseña que los arcontes no solo afectan a la humanidad colectivamente, sino también individualmente. Al sembrar dudas y confusión en la mente de cada persona, aseguran que el ser humano no se cuestione la naturaleza de su existencia ni busque respuestas más allá de lo que el mundo material ofrece. La presión que ejercen los arcontes para que el ser humano permanezca inmerso en las preocupaciones y satisfacciones mundanas es constante. En el Evangelio de Judas, esta presión se representa como una barrera entre el alma y el conocimiento revelador, un obstáculo que solo puede ser superado mediante la gnosis.

Jesús, al revelar el papel de los arcontes a Judas, le ofrece una perspectiva radical sobre la existencia humana y sobre la lucha por la libertad espiritual. La gnosis, en este contexto, es presentada como un arma que debilita el poder de los arcontes al iluminar las verdades ocultas. Con esta enseñanza, Jesús no solo invita a Judas a liberarse de las ilusiones del Demiurgo, sino que lo guía hacia una comprensión más profunda de su propia naturaleza y del propósito de su existencia. Este conocimiento permite a Judas ver más allá de la prisión física y reconocer la presencia de los arcontes como obstáculos en el camino hacia el Pleroma.

Para los gnósticos, el conocimiento de los arcontes y sus artimañas es un paso esencial en el camino de liberación espiritual. Al saber que estos seres existen y que su poder se basa en la ignorancia y el apego al mundo material, el alma puede comenzar a desvincularse de su influencia. Este es un proceso de autoconocimiento y de renuncia a las ilusiones, un despertar que transforma la manera en que se experimenta la vida y permite al ser humano ver el mundo material como una mera sombra, un velo que cubre la verdadera realidad espiritual.

La resistencia a los arcontes implica, por lo tanto, un acto de rebelión interior. La gnosis no es solo una herramienta de liberación; es un desafío al poder del Demiurgo y sus servidores. Al adquirir este conocimiento, el alma afirma su independencia y se convierte en una entidad libre de las restricciones impuestas por el mundo material. Este es el mensaje que Jesús comparte con Judas: la verdadera traición no es la desobediencia al Demiurgo, sino la traición a la propia esencia espiritual, al permanecer en la ignorancia y aceptar las limitaciones de una existencia material que no es el destino final del alma.

Los arcontes, como agentes del Demiurgo, son finalmente limitados en su poder. Aunque poseen la habilidad de manipular la realidad material y de influir en las mentes humanas, no tienen acceso al Pleroma ni pueden comprender la verdadera naturaleza del Dios Supremo. Su poder se disuelve en presencia de la gnosis, y su dominio se vuelve inútil ante aquellos que logran recordar su origen divino y rechazar las ilusiones. En el Evangelio de Judas, la enseñanza de Jesús deja claro que el conocimiento es la clave para superar la opresión de los arcontes y que el alma puede, a través de su propio despertar, liberarse de esta esclavitud.

Este despertar, que se inicia con el reconocimiento del papel de los arcontes, permite al buscador gnóstico entrar en una nueva etapa de percepción. Al reconocer que el mundo material y todas sus promesas de satisfacción son ilusiones, el ser humano puede redirigir su enfoque hacia la verdad interior y hacia la búsqueda de la unidad con el Pleroma. En esta transición, el alma se libera de las influencias de los arcontes, quienes ya no pueden imponer sus deseos y miedos sobre aquel que ha despertado a su verdadera naturaleza.

En conclusión, el papel de los arcontes en el Evangelio de Judas es el de guardianes de la ilusión, figuras que aseguran la continuidad del ciclo material y el control sobre las almas. Sin embargo, su poder depende de la ignorancia y se disuelve ante la luz de la gnosis. La enseñanza de Jesús a Judas muestra que el verdadero enemigo no está en el mundo exterior, sino en las ataduras que cada individuo mantiene con la realidad física y sus satisfacciones efímeras. Al liberarse de estas ataduras, el alma puede atravesar las barreras impuestas por los arcontes y regresar al Pleroma, el reino de la paz y la perfección, donde el ser humano finalmente recobra su libertad y plenitud originales.

Capítulo 12
Judas como el Elegido

En el Evangelio de Judas, se presenta una visión radicalmente diferente de Judas Iscariote, quien deja de ser simplemente el traidor que vende a Jesús por unas monedas y asume un rol mucho más complejo y profundo: el de ser el "elegido". Este Judas, reinterpretado por la narrativa gnóstica, es alguien que posee una comprensión espiritual superior, un discípulo único que accede al conocimiento secreto revelado por Jesús. La figura de Judas como el elegido representa una ruptura con la percepción tradicional del personaje y lo coloca en una posición central dentro de la historia de redención y liberación espiritual en el contexto gnóstico. Su papel, en lugar de condenarlo, lo eleva a un nivel de trascendencia que no está al alcance de los otros discípulos.

La elección de Judas, en este sentido, no es casual ni arbitraria; está basada en su capacidad para comprender las enseñanzas ocultas que Jesús le confía. A lo largo de los encuentros descritos en el Evangelio de Judas, queda claro que él es el único discípulo que realmente entiende la misión de Jesús y la verdadera naturaleza de su mensaje. Los otros discípulos, aunque cercanos a Jesús, no tienen acceso a este conocimiento, permaneciendo atrapados en una visión convencional y limitada de la realidad y de su maestro. Ellos buscan en Jesús un líder terrenal, alguien que establezca un reino en este mundo, mientras que Judas intuye una verdad más profunda y se abre al conocimiento espiritual que Jesús le ofrece en privado.

La conexión especial entre Jesús y Judas revela una relación espiritual profundamente significativa. En varias conversaciones, Jesús le muestra a Judas que su aparente traición es en realidad un acto necesario y predestinado, un sacrificio que permite a Jesús liberarse de la prisión de la carne y cumplir su destino divino. Esta relación va mucho más allá de la de maestro y discípulo; es una conexión en la cual Judas, como el elegido, desempeña un papel clave en la culminación de la misión de Jesús. Su "traición" no es un acto de deslealtad o de codicia, sino una decisión difícil y dolorosa que exige un nivel de comprensión y desapego del mundo material que los demás discípulos no alcanzan.

El simbolismo de Judas como el elegido también refleja el dualismo central del pensamiento gnóstico, en el que la realidad se divide entre el mundo material, gobernado por el Demiurgo, y el Pleroma, el reino espiritual del Dios Supremo. Al actuar como el "traidor" en el sentido convencional, Judas realiza un acto que, aunque incomprendido por quienes lo observan desde la perspectiva terrenal, tiene un significado espiritual de gran envergadura. En el gnosticismo, el elegido no es aquel que simplemente sigue reglas o principios morales, sino aquel que está dispuesto a trascender las apariencias y abrazar un conocimiento que va más allá del bien y el mal según la percepción humana. Judas, entonces, encarna la paradoja del gnóstico: debe ser visto como traidor en este mundo para cumplir una función superior en el plan divino.

A través de la enseñanza que Jesús le ofrece, Judas es invitado a experimentar la gnosis, a acceder a un conocimiento secreto que le permite ver la verdad detrás de las apariencias. En la revelación gnóstica, esta gnosis es el medio de escape del ciclo de engaños y ataduras impuesto por el Demiurgo y sus arcontes. Jesús le explica a Judas que, al entregarlo, le ayudará a liberarse de la prisión del cuerpo y permitir que su esencia regrese al Pleroma, trascendiendo así las limitaciones impuestas por el mundo material. En este sentido, Judas cumple un papel de mediador entre la realidad física y la realidad espiritual, alguien que ayuda a facilitar la liberación del alma.

El acto de entrega de Jesús por parte de Judas adquiere, entonces, un significado completamente distinto al de la traición. En el Evangelio de Judas, este acto es el paso final hacia la liberación de Jesús, el momento en el cual puede dejar su envoltura física y regresar a la plenitud. Judas, al comprender y aceptar su rol en este proceso, se convierte en el único discípulo que verdaderamente entiende el mensaje de Jesús. Este conocimiento lo convierte en el elegido, en el único que ha sido capaz de recibir la verdad oculta y actuar en consecuencia, incluso cuando ello implica un sacrificio personal y un rechazo por parte de quienes lo rodean.

Judas, como el elegido, es un arquetipo de quien, al obtener la gnosis, se separa de las creencias y expectativas de la sociedad en la que vive. La enseñanza de Jesús a Judas implica una ruptura con la moralidad y los valores impuestos por el Demiurgo. Esta separación es difícil y solitaria; exige del elegido la capacidad de soportar la incomprensión y el rechazo. Al aceptar su papel como el que debe entregar a Jesús, Judas desafía las normas de su entorno y se convierte en un modelo de aquel que, al conocer la verdad, está dispuesto a sacrificarlo todo en pos de una causa mayor, aunque ello signifique enfrentarse a la condena.

Esta figura de Judas como el elegido encarna, por tanto, el dilema del buscador espiritual en el camino gnóstico. El conocimiento que obtiene lo coloca en una situación de incomprensión y aislamiento, ya que lo que entiende trasciende los límites de la percepción común y lo impulsa a actuar de maneras que pueden parecer contrarias a los principios morales establecidos. Su elección de actuar según la gnosis en lugar de seguir las normas tradicionales lo coloca en una posición liminal, un puente entre el mundo material y el mundo espiritual.

Al revelar a Judas su papel como el elegido, Jesús también le muestra el valor del conocimiento y de la liberación por encima de la obediencia ciega. Los otros discípulos, atrapados en las enseñanzas superficiales y en la expectativa de una redención física, no pueden ver el verdadero propósito de la misión de Jesús.

Solo Judas, al acceder a la gnosis, comprende que la verdadera liberación no consiste en mejorar el mundo material, sino en trascenderlo. Este entendimiento es lo que lo convierte en el elegido, en el único capaz de ver más allá de la ilusión y de actuar en armonía con la voluntad divina expresada en el Pleroma.

La figura de Judas en el Evangelio de Judas se convierte en un símbolo del sacrificio necesario para el despertar espiritual. Su papel como el elegido implica una ruptura definitiva con las ilusiones del mundo físico y una aceptación del dolor y la soledad que acompañan a la verdadera gnosis. Al actuar en contra de lo que los demás consideran bueno o moral, Judas se enfrenta al juicio de aquellos que no pueden comprender la profundidad de su conocimiento. Este sacrificio, sin embargo, lo eleva espiritualmente y lo convierte en un modelo para quienes buscan la verdad más allá de las apariencias.

En el gnosticismo, el concepto de "elegido" no implica privilegios o superioridad, sino una capacidad única para comprender y aceptar la verdad sin importar el costo. Judas, como el elegido, representa a aquellos pocos que pueden ver a través de las ilusiones del Demiurgo y asumir las consecuencias de su conocimiento. Este papel es a la vez una bendición y una carga, ya que lo separa de sus compañeros y lo coloca en una situación de aislamiento. Sin embargo, es precisamente este aislamiento y este sacrificio lo que permite a Judas realizar su destino y cumplir con el papel que Jesús le ha revelado.

La elección de Judas también cuestiona las nociones tradicionales de redención y de sacrificio. En el Evangelio de Judas, la salvación no se logra a través de la obediencia a los preceptos religiosos ni mediante la sumisión a una figura externa de autoridad, sino a través del conocimiento y la acción basados en la comprensión profunda de la realidad espiritual. La figura de Judas como el elegido redefine el concepto de traición, mostrando que en la búsqueda de la verdad y la liberación espiritual, a veces es necesario actuar en contra de las normas y las expectativas convencionales.

En este sentido, Judas se convierte en un héroe trágico, alguien que debe asumir una tarea que lo lleva al exilio y al rechazo, pero que al mismo tiempo lo conecta con la verdadera esencia de la misión de Jesús. Al comprender su papel como el elegido, Judas acepta un destino que lo coloca fuera del alcance de la comprensión humana ordinaria, pero que lo eleva en el ámbito espiritual. Este destino lo convierte en un arquetipo del buscador gnóstico, en aquel que, al alcanzar el conocimiento verdadero, está dispuesto a sacrificar la aceptación del mundo para lograr la libertad del alma.

En conclusión, Judas, como el elegido en el Evangelio de Judas, representa el desafío de la gnosis y el costo de la liberación espiritual. Su papel no es el de un simple traidor, sino el de un intermediario entre el mundo físico y el Pleroma, alguien que, al comprender y aceptar su destino, actúa en armonía con la voluntad divina. Esta comprensión lo coloca en una posición única y solitaria, pero también lo eleva espiritualmente, otorgándole un papel esencial en el plan de redención cósmico. Su elección de seguir el camino de la gnosis, a pesar de las consecuencias, lo convierte en un ejemplo del sacrificio y la valentía necesarios para alcanzar la verdadera libertad espiritual.

Capítulo 13
Conocimiento y Liberación

En el corazón de la tradición gnóstica, y especialmente en el Evangelio de Judas, el concepto de "gnosis" o conocimiento sagrado emerge como el pilar central de la salvación y la liberación. La gnosis no es un conocimiento intelectual ni una simple acumulación de datos, sino una revelación profunda, un despertar interno que conecta al individuo con su verdadera esencia y con el origen divino del cual proviene. Este conocimiento, accesible solo a quienes están dispuestos a cuestionar las apariencias del mundo material, es el camino hacia la liberación de las ataduras impuestas por el Demiurgo y su creación imperfecta.

En el Evangelio de Judas, Jesús enfatiza a su discípulo más cercano que el conocimiento es la única vía hacia la auténtica libertad espiritual. En lugar de seguir ciegamente las reglas y los rituales del mundo material, el gnóstico busca una comprensión más allá de lo visible, una verdad oculta que le permite trascender las ilusiones impuestas por el Demiurgo y sus arcontes. Este proceso de despertar es profundamente personal y exige un nivel de introspección y desapego que pocos están dispuestos a asumir. Solo aquellos que han recibido la gnosis pueden romper el ciclo de ignorancia y reencarnación que mantiene a las almas atrapadas en la creación material.

Para los gnósticos, el mundo material es una prisión, una trampa construida para mantener a las almas en un estado de esclavitud y ceguera espiritual. El conocimiento, en este sentido, es la llave que permite al alma recordar su verdadera naturaleza y origen divino. Es una chispa que, al encenderse en el interior de cada individuo, disuelve las ilusiones y libera al ser humano de la manipulación de los arcontes. Este despertar interior es un acto de resistencia, una revelación que desafía la realidad material y permite al alma ver más allá de las apariencias.

El proceso de alcanzar la gnosis implica un viaje hacia el interior, un enfrentamiento con las propias sombras y con las ilusiones del ego. En el Evangelio de Judas, Jesús explica que el verdadero conocimiento no es un conjunto de dogmas o creencias impuestas desde afuera, sino una experiencia directa, una conexión íntima con el Dios Supremo y el Pleroma. Este conocimiento permite al individuo trascender las dualidades y reconocer la luz que yace en el núcleo de su ser. La gnosis es, por tanto, un acto de autodescubrimiento, un despertar que no puede ser enseñado ni impuesto, sino únicamente alcanzado a través de la experiencia y la búsqueda personal.

A lo largo del Evangelio de Judas, Jesús se presenta como un guía hacia esta gnosis, un maestro que no ofrece respuestas fáciles, sino que despierta en sus seguidores la capacidad de ver más allá de las apariencias. Su enseñanza no es un camino de adoración ciega, sino una invitación a explorar la verdad de la propia existencia y a cuestionar las ilusiones de la creación material. Esta enseñanza desafía los valores tradicionales y la visión de la salvación ofrecida por la religión ortodoxa. La salvación, en el pensamiento gnóstico, no se alcanza mediante la fe en una figura externa o la obediencia a una serie de mandatos, sino mediante la comprensión profunda de uno mismo y de la verdadera naturaleza del cosmos.

El conocimiento liberador, o gnosis, es una forma de iluminación que permite al ser humano ver la creación del Demiurgo como lo que realmente es: un reflejo distorsionado del Pleroma, una ilusión que retiene a las almas en un estado de ignorancia. La gnosis permite distinguir entre la verdadera realidad espiritual y la falsa realidad material. A través de esta comprensión, el individuo puede ver más allá de las promesas de satisfacción y éxito en el mundo físico, reconociendo que el auténtico propósito del alma es regresar al Pleroma, al reino del Dios Supremo, donde no existen el sufrimiento ni la separación.

Para los gnósticos, la liberación no consiste en la esperanza de una vida mejor en el mundo material, sino en el escape de este mundo. La creación del Demiurgo es vista como una cárcel, y la gnosis es el conocimiento que libera a las almas de esta prisión. En el Evangelio de Judas, este conocimiento es presentado como una verdad secreta, una sabiduría oculta que solo aquellos que están dispuestos a renunciar a las apariencias pueden alcanzar. Jesús le ofrece esta gnosis a Judas, reconociendo en él la capacidad de ver más allá de las enseñanzas convencionales y de aceptar una realidad espiritual más allá de las limitaciones impuestas por el cuerpo y el mundo físico.

El camino de la gnosis es también un camino de desapego. A medida que el individuo despierta a su verdadera naturaleza y se conecta con el Pleroma, el deseo por los placeres y las posesiones del mundo material comienza a perder su poder. Este desapego no es una negación de la vida, sino una afirmación de una realidad superior. La gnosis permite al ser humano ver el mundo material como un escenario de aprendizaje, pero también como una ilusión de la cual debe liberarse para alcanzar la paz y la plenitud en el Pleroma.

Este conocimiento transformador tiene un costo: exige del buscador un compromiso con la verdad que puede ser incómodo y desafiante. La gnosis no ofrece consuelo fácil ni garantiza una vida sin dificultades. Al contrario, el despertar a la realidad espiritual implica enfrentar la soledad y el aislamiento de quien ha visto más allá de las apariencias y ha comprendido que la verdadera salvación no está en el mundo visible. Este proceso de despertar puede ser doloroso, pero es el único camino hacia la verdadera libertad, una libertad que no depende de condiciones externas ni de promesas futuras, sino de la conexión directa con la propia esencia divina.

La gnosis también otorga una nueva perspectiva sobre la muerte y el ciclo de reencarnación. En el gnosticismo, la muerte física no es el final de la existencia, pero tampoco es una oportunidad para comenzar de nuevo en el sentido tradicional. Para los gnósticos, la reencarnación es una trampa del Demiurgo y sus arcontes, un ciclo repetitivo que mantiene a las almas en el mundo material y les impide recordar su origen divino. La gnosis es el único camino para romper este ciclo, pues permite al alma reconocer su verdadera naturaleza y regresar al Pleroma en lugar de reincorporarse a la rueda de nacimiento y muerte.

El Evangelio de Judas muestra que este conocimiento es accesible solo para aquellos dispuestos a ver más allá de las normas y expectativas de la sociedad. La figura de Judas, como el elegido para recibir esta revelación, simboliza la valentía y el sacrificio necesarios para acceder a la gnosis. Su entrega de Jesús no es una traición en el sentido convencional, sino un acto de liberación que permite a ambos trascender las limitaciones de la carne y conectarse con la realidad espiritual. En esta narrativa, Judas se convierte en un símbolo de aquellos pocos que, al adquirir la gnosis, están dispuestos a romper con las expectativas terrenales para alcanzar la verdad última.

Este conocimiento, al permitir al alma regresar al Pleroma, redefine la noción de salvación. En el cristianismo ortodoxo, la salvación se entiende como el perdón de los pecados y la vida eterna junto a Dios en un mundo restaurado. En el gnosticismo, sin embargo, la salvación es la liberación de la falsa creación del Demiurgo y el retorno a la plenitud espiritual del Pleroma. La gnosis no solo permite ver esta verdad, sino que transforma al individuo, al despertar su esencia espiritual y permitirle ver el mundo como una ilusión, un velo que cubre la auténtica realidad.

El conocimiento liberador, en última instancia, es una llamada a recordar. Para los gnósticos, cada alma tiene en su interior una chispa divina que es un fragmento del Dios Supremo, pero esta chispa está cubierta por las capas de ilusión impuestas por el Demiurgo. La gnosis es el proceso de rasgar ese velo, de recordar el verdadero origen del alma y su destino. Este recuerdo no es simplemente una rememoración, sino una experiencia transformadora que cambia completamente la percepción de la vida y permite al ser humano liberarse de las limitaciones del mundo material.

En conclusión, el concepto de conocimiento y liberación en el Evangelio de Judas es una invitación a mirar más allá de las apariencias, a desafiar las ilusiones del Demiurgo y a recordar la verdadera naturaleza divina de cada alma. Este conocimiento, accesible solo para quienes están dispuestos a enfrentarse a la verdad, permite al individuo ver el mundo como una creación imperfecta y transitoria, y a sí mismo como un ser destinado a regresar al Pleroma. La gnosis es la llave de la liberación, el despertar que ilumina el camino hacia el Dios Supremo y libera al alma de las cadenas que la atan al ciclo de nacimiento y muerte. En este sentido, el conocimiento no es solo una herramienta, sino el destino final, el retorno a la plenitud y la paz inefable del Pleroma.

Capítulo 14
La Dualidad del Alma

En el contexto del gnosticismo y del Evangelio de Judas, el alma humana se presenta como una entidad dividida, atrapada entre dos realidades en conflicto: el mundo material y el mundo espiritual. Esta dualidad es uno de los elementos centrales de la enseñanza gnóstica, pues revela la complejidad de la existencia humana y el desafío que enfrenta cada alma en su búsqueda de liberación. Mientras que el cuerpo y la mente están sujetos a las leyes del mundo físico, el alma alberga en su núcleo una chispa divina, una esencia espiritual que pertenece al Pleroma, el reino del Dios Supremo. Esta división es tanto una fuente de sufrimiento como una promesa de trascendencia, una tensión constante entre la prisión de la materia y la libertad de la luz divina.

Para los gnósticos, la existencia del alma en el cuerpo físico es un estado de encarcelamiento. El mundo material, dominado por el Demiurgo y los arcontes, ejerce una influencia poderosa sobre el alma, manteniéndola en un estado de ignorancia y desconexión con su origen divino. Esta realidad material es vista como una creación imperfecta y, en muchos sentidos, hostil para la esencia espiritual. Mientras la carne experimenta deseos, necesidades y temores, el alma contiene una memoria oculta de su verdadero hogar en el Pleroma. Sin embargo, el recuerdo de esta unidad está velado por las ilusiones del mundo físico, y el alma se encuentra en una lucha constante entre la tentación de lo material y la llamada silenciosa de la plenitud espiritual.

La dualidad del alma en el Evangelio de Judas refleja esta dicotomía, describiendo cómo las almas humanas están divididas entre el impulso hacia la luz y las atracciones del mundo sensorial. Jesús revela a Judas que cada ser humano lleva dentro de sí este conflicto, una batalla entre la inclinación hacia lo espiritual y la influencia opresiva del Demiurgo y sus arcontes. Estos últimos buscan mantener a las almas distraídas con los placeres y deseos del cuerpo, con el propósito de que no recuerden su origen en el Pleroma. Este conflicto entre el deseo por lo terrenal y la atracción hacia lo divino es lo que define la experiencia humana desde la perspectiva gnóstica, y la superación de esta dualidad es vista como la clave para la liberación espiritual.

La dualidad del alma también se manifiesta en la percepción de uno mismo. En el pensamiento gnóstico, el "yo" superficial está vinculado al ego, al aspecto de la personalidad que se identifica con el cuerpo y los logros mundanos. Este yo, manipulado por el Demiurgo y atrapado en el ciclo de deseos y sufrimientos, cree que el mundo material es la realidad última. Sin embargo, en el núcleo del alma yace un "yo" más profundo, un aspecto divino que está desconectado del ego y en comunión con el Pleroma. Este yo superior, que los gnósticos consideran como la verdadera identidad del ser humano, representa la chispa divina en cada individuo, la parte que anhela la libertad y que puede recordar el origen sagrado del alma.

El despertar de este yo superior y el recuerdo de la verdadera identidad espiritual constituyen el objetivo de la gnosis. En el Evangelio de Judas, Jesús invita a Judas a trascender las apariencias y a reconectarse con su esencia espiritual, liberándose de las ilusiones impuestas por el Demiurgo. Esta gnosis implica el reconocimiento de que el mundo físico es una cárcel y que la verdadera naturaleza del ser humano no pertenece a la carne, sino al espíritu. Este autoconocimiento transforma la percepción de la vida y permite al individuo ver la dualidad de su alma como una etapa transitoria, un desafío a superar en su viaje hacia la unión con el Pleroma.

La enseñanza sobre la dualidad del alma también implica un proceso de desapego. Para superar las ataduras de la carne y responder al llamado de lo divino, el gnóstico debe aprender a renunciar a las ilusiones y a los apegos que lo retienen en el mundo material. Esto no significa rechazar la vida, sino transformar la manera en que uno se relaciona con el cuerpo y con el mundo físico. Al reconocer que los deseos y miedos del ego son herramientas de los arcontes para mantener el alma atrapada, el gnóstico adquiere la capacidad de observarlos sin identificarse con ellos, desarrollando un desapego que le permite experimentar la paz y la libertad propias del Pleroma.

La dualidad del alma es también un reflejo de la dualidad cósmica entre luz y oscuridad. En el gnosticismo, la creación material es vista como una sombra que imita la verdadera creación espiritual, y el alma, al estar atrapada en el cuerpo, experimenta esta dualidad en carne propia. Sin embargo, la chispa divina en el interior del alma actúa como un recordatorio de su verdadera naturaleza. Esta chispa es la fuente de la gnosis, el conocimiento revelador que permite a la persona ver más allá de las ilusiones y empezar el camino de retorno al Pleroma. En este sentido, la dualidad del alma no es solo un estado de conflicto, sino una oportunidad de transformación y ascenso espiritual.

El viaje hacia la integración de esta dualidad requiere que el individuo abandone las creencias limitantes y las identidades impuestas por el mundo material. Al desarrollar la gnosis, el alma empieza a trascender la dualidad, reconociendo que su verdadera naturaleza no está dividida, sino que es una extensión del Dios Supremo. Este proceso de despertar implica una muerte simbólica del yo superficial, una renuncia a las identidades y etiquetas que se han construido en función de la vida material. Este morir al ego es, en la visión gnóstica, un renacimiento espiritual, un retorno a la unidad del Pleroma en el cual la dualidad ya no tiene poder sobre el alma.

En el Evangelio de Judas, Jesús enseña que la dualidad del alma puede ser superada mediante el autoconocimiento y el rechazo de las ilusiones. Al mostrarle a Judas la verdadera naturaleza de la realidad y de su propia existencia, Jesús le permite ver que la carne y el ego no definen la totalidad del ser humano. Judas, al recibir esta revelación, se convierte en un símbolo del buscador espiritual, alguien que, al comprender la dualidad de su propia alma, adquiere la fuerza para trascenderla. Esta trascendencia no es un rechazo del mundo, sino una aceptación de que el mundo material es solo una etapa en el viaje hacia una verdad más profunda.

La dualidad del alma también plantea una reflexión sobre el sufrimiento y el deseo. En el gnosticismo, el sufrimiento no es una simple consecuencia del pecado o de las malas decisiones, sino el resultado de estar atrapado en un mundo que es incompatible con la esencia divina del alma. El deseo, impulsado por el ego y fomentado por los arcontes, es la herramienta que mantiene a las almas en este ciclo de sufrimiento. Sin embargo, al despertar a la gnosis y comprender su verdadera identidad, el alma empieza a ver el sufrimiento como un síntoma de su desconexión con el Pleroma y como un impulso para buscar la liberación.

La dualidad del alma también introduce la posibilidad de una liberación total. En el Evangelio de Judas, se deja claro que esta liberación no se alcanza mediante una obediencia ciega a mandamientos externos, sino mediante la gnosis, el conocimiento secreto que transforma la percepción de uno mismo y del mundo. La gnosis permite al ser humano ver la dualidad de su alma y comprender que su esencia es, en última instancia, indivisible y eterna. Al recordar su origen divino, el alma empieza a despojarse de las capas de ilusión que la rodean, liberándose de la influencia del Demiurgo y preparándose para el retorno al Pleroma.

En conclusión, la dualidad del alma, tal como se presenta en el Evangelio de Judas, es tanto una condición de sufrimiento como una oportunidad de liberación. Es el conflicto entre el cuerpo y el espíritu, entre el ego y el yo superior, entre la carne y el Pleroma. Sin embargo, esta dualidad no es insuperable. A través de la gnosis y del autoconocimiento, el alma puede recordar su verdadera naturaleza y emprender el camino hacia la unidad con el Dios Supremo. La dualidad del alma es, en este sentido, un llamado al despertar, una invitación a trascender las ilusiones de la carne y a recordar la plenitud y la paz que solo pueden encontrarse en el Pleroma.

Capítulo 15
El Camino del Despertar

En el Evangelio de Judas, el despertar espiritual se presenta como una travesía interna que va más allá de las creencias convencionales y las prácticas religiosas formales. Este proceso es fundamental en la tradición gnóstica, ya que es a través del despertar que el alma logra liberarse de la ignorancia y de las cadenas del mundo material. El despertar gnóstico no es una simple comprensión intelectual, sino una transformación profunda del ser que permite ver la realidad desde una perspectiva completamente nueva, iluminada por la gnosis y desconectada de las ilusiones impuestas por el Demiurgo y sus arcontes.

Este camino hacia el despertar comienza con la duda y el cuestionamiento. En el gnosticismo, el alma humana es vista como una prisionera en un universo de sombras, atrapada por las ilusiones del cuerpo y los deseos terrenales. Sin embargo, dentro de cada ser humano reside una chispa de conocimiento, una luz que proviene del Pleroma y que contiene la memoria latente de su verdadero hogar en el reino del Dios Supremo. A través del despertar, el individuo empieza a descubrir esta chispa y a cuestionar las limitaciones que el mundo físico ha impuesto sobre su conciencia. Este cuestionamiento inicial es como una grieta en la prisión de la ignorancia, un destello de claridad que permite a la persona percibir que hay algo más allá de las apariencias.

Jesús, en sus enseñanzas a Judas, describe este despertar como un proceso que requiere valentía y desapego. Judas, al comprender la verdad detrás de la misión de Jesús, se convierte en el discípulo que está dispuesto a sacrificar las ataduras al mundo físico y a ver más allá de las creencias superficiales de los otros discípulos. Este acto de sacrificio no es una traición, sino un símbolo del renacimiento espiritual. Judas, en este sentido, es el precursor de aquellos que están dispuestos a abandonar las ilusiones materiales y a enfrentarse a la verdad, por más dolorosa o solitaria que sea.

El camino del despertar gnóstico es un proceso de autodescubrimiento, una serie de etapas en las cuales el alma se despoja de las falsas identidades y comienza a recordar su origen divino. Este recuerdo, que se activa a través de la gnosis, no es un acto pasivo; es una búsqueda activa que implica desafiar las creencias limitantes, cuestionar las normas sociales y desapegarse de los deseos y miedos del ego. En este proceso, la persona deja atrás la identificación con el cuerpo y el mundo físico y se conecta con su verdadera esencia, su yo superior que está en comunión con el Pleroma.

El despertar espiritual, según el gnosticismo, también implica una reconexión con el silencio y la introspección. La sociedad, influenciada por los arcontes, constantemente empuja al individuo hacia la distracción, el ruido y la preocupación por los logros externos. En cambio, el camino gnóstico invita al buscador a dirigirse hacia el interior, a cultivar un espacio de silencio donde pueda escuchar la voz de su esencia divina. Este silencio interno permite al alma escuchar el llamado del Pleroma, un llamado que resuena más allá de las palabras y que guía al individuo en su proceso de liberación. A medida que el alma se sumerge en este silencio, las ilusiones del mundo comienzan a disolverse y la verdad se revela como una presencia serena y luminosa en el centro de su ser.

En el Evangelio de Judas, Jesús explica que el despertar es un acto de rebelión contra el Demiurgo y su sistema de control. El despertar no solo significa comprender la naturaleza de la realidad, sino también rechazar las imposiciones del mundo material. Esta rebelión es un acto de afirmación de la propia identidad espiritual y de rechazo a la falsa realidad impuesta por los arcontes. Para el gnóstico, el despertar es un acto de desobediencia sagrada, un rechazo a las estructuras de poder que mantienen a las almas atrapadas en un ciclo de sufrimiento y reencarnación. Este acto de rebelión permite al alma liberarse de la influencia de los arcontes y ver el mundo desde una perspectiva de desapego y libertad.

El despertar no es un proceso lineal ni exento de dificultades. A lo largo de este camino, el buscador experimenta dudas, miedos y tentaciones. El mundo físico sigue ejerciendo una influencia poderosa, y el ego, manipulado por los arcontes, intenta continuamente desviar al individuo de su búsqueda de la verdad. Sin embargo, cada obstáculo es también una oportunidad de crecimiento. La oscuridad, en la visión gnóstica, es una herramienta que puede impulsar al alma a buscar la luz. Al enfrentar sus miedos y trascender sus deseos, el buscador gnóstico fortalece su conexión con el Pleroma y desarrolla una claridad que le permite ver más allá de las distracciones del mundo físico.

El despertar espiritual también exige un proceso de purificación. El individuo debe limpiar su mente y su corazón de los pensamientos y emociones que lo atan al mundo material. Este proceso de purificación implica liberarse de la ira, la envidia, la codicia y el apego, emociones que los arcontes fomentan para mantener al alma atrapada en el ciclo de sufrimiento. En el Evangelio de Judas, Jesús sugiere que el verdadero despertar no es solo un cambio de perspectiva, sino una transformación total del ser. A medida que el alma se purifica y se despoja de las ilusiones, se convierte en un canal cada vez más claro para la luz divina, una luz que finalmente la guía de regreso al Pleroma.

Una vez que el alma ha alcanzado este estado de claridad y pureza, comienza a experimentar una paz profunda y duradera. Esta paz no depende de las circunstancias externas ni de la satisfacción de los deseos, sino de la conexión con el yo superior y el recuerdo de su origen divino. La paz del despertar gnóstico es la paz de quien ha comprendido que el mundo físico es solo una sombra y que su verdadera identidad se encuentra en una dimensión más allá de la materia. Esta paz permite al alma liberarse de los miedos y deseos del cuerpo, vivir en el mundo sin ser de él y prepararse para el retorno definitivo al Pleroma.

El camino del despertar también transforma la relación del individuo con los demás. Al comprender la verdadera naturaleza de la existencia, el gnóstico desarrolla una compasión profunda por aquellos que aún están atrapados en la ignorancia. Esta compasión no es un intento de salvar o cambiar a los otros, sino una comprensión de que cada alma está en su propio proceso de despertar. El gnóstico, al recordar su propia búsqueda y sus propios desafíos, respeta el camino de cada individuo y ofrece su amor y comprensión desde un lugar de humildad y desapego.

En el Evangelio de Judas, el despertar culmina en el momento en que el alma se libera del ciclo de reencarnación y retorna al Pleroma. Esta liberación final es el objetivo de la vida gnóstica, la meta última del despertar espiritual. Al abandonar el cuerpo y el mundo material, el alma regresa a su fuente original, donde experimenta la plenitud, la paz y la unidad con el Dios Supremo. Este retorno al Pleroma no es una desaparición, sino una reintegración, una restauración del estado de pureza y perfección que el alma poseía antes de quedar atrapada en la creación del Demiurgo.

En conclusión, el camino del despertar en el Evangelio de Judas es un viaje de autodescubrimiento, un proceso de transformación que lleva al alma desde la ignorancia hacia la gnosis y desde la esclavitud hacia la libertad. Este despertar no es un acto momentáneo, sino una travesía que exige valentía, silencio y purificación. El gnóstico, al aceptar este llamado, se convierte en un buscador de la verdad que no se conforma con las ilusiones del mundo material, sino que busca la luz interior que lo conecta con el Pleroma. En este proceso de despertar, el individuo recuerda su verdadera naturaleza, rechaza las mentiras del Demiurgo y se prepara para el retorno definitivo al reino del Dios Supremo, donde finalmente encuentra la paz y la libertad que ha anhelado desde el principio de su existencia.

Capítulo 16
Jesús como Maestro Espiritual

En el Evangelio de Judas, la figura de Jesús se despoja de las características propias de un salvador convencional para asumir un rol más profundo y enigmático: el de un maestro de sabiduría oculta, un guía hacia la gnosis y la liberación espiritual. En lugar de promover la adoración y la sumisión, Jesús aparece como un revelador de verdades que desafían la comprensión humana y rompen con los dogmas establecidos. Su propósito no es redimir a las almas mediante sacrificios externos o actos de fe ciega, sino guiarlas hacia el conocimiento interior, hacia la gnosis que permite a cada individuo recordar su esencia divina y escapar de la prisión material impuesta por el Demiurgo.

Para los gnósticos, Jesús es mucho más que un ser humano excepcional o un profeta; es una manifestación de la luz divina que proviene del Pleroma, enviada para despertar a las almas y liberarlas de las ilusiones que las mantienen cautivas en el mundo físico. Esta visión lo convierte en un maestro espiritual cuya enseñanza es accesible únicamente a aquellos que son capaces de mirar más allá de las apariencias y de la estructura religiosa convencional. La misión de Jesús, en el contexto gnóstico, es activar en sus seguidores la chispa de conocimiento latente, una verdad que va más allá de las palabras y los rituales y que se convierte en una experiencia directa de la realidad espiritual.

La relación entre Jesús y Judas, tal como se presenta en este evangelio, ejemplifica esta naturaleza de Jesús como maestro de sabiduría esotérica. Mientras que los demás discípulos buscan en Jesús un líder terrenal que cumpla con las profecías y establezca un reino visible en el mundo, Judas comprende que el mensaje de Jesús apunta a una dimensión completamente diferente. En sus diálogos privados, Jesús le revela a Judas secretos que no comparte con los demás, mostrándole que la verdadera liberación no está en cambiar el mundo material, sino en trascenderlo. Esta enseñanza privada convierte a Judas en el discípulo más avanzado, el único que comprende el destino y la misión real de Jesús.

Jesús, como maestro espiritual, también presenta una visión radicalmente distinta de la divinidad y de la naturaleza del universo. En el Evangelio de Judas, enseña que el Dios Supremo no es el creador de este mundo, sino una entidad superior e inalcanzable que reside en el Pleroma, completamente ajeno a las limitaciones de la creación material. La figura de Jesús en este evangelio rompe con la imagen tradicional de un dios involucrado directamente en los asuntos humanos, presentando en su lugar a un Dios Supremo que es fuente de paz y plenitud, pero que no interviene en el mundo físico. Esta enseñanza desafía las creencias establecidas y sugiere que la verdadera espiritualidad no se encuentra en las ceremonias y prácticas del mundo, sino en la reconexión con la esencia divina que trasciende la creación.

La enseñanza de Jesús también propone un cambio profundo en la manera en que se entiende el concepto de salvación. En lugar de prometer una vida eterna en el cielo como recompensa por la obediencia, Jesús presenta la salvación como un acto de autoconocimiento, un retorno al origen espiritual mediante la gnosis. La salvación, desde esta perspectiva, no es un premio otorgado por una autoridad externa, sino una realización interna que cada alma debe alcanzar por sí misma. En el Evangelio de Judas, Jesús enseña que solo quienes alcanzan este conocimiento son capaces de liberarse de las ataduras del mundo material y de escapar del ciclo de reencarnación impuesto por el Demiurgo.

La figura de Jesús como maestro espiritual también enfatiza la importancia del desapego y la renuncia. Al enseñar sobre la naturaleza ilusoria de la creación material, Jesús invita a sus discípulos a desapegarse de los placeres y logros del mundo físico y a centrar su atención en la búsqueda de la verdad interior. Este desapego no implica una renuncia total a la vida, sino una nueva manera de vivir, libre de los apegos y temores que los arcontes utilizan para controlar a las almas. Jesús muestra que el verdadero poder no reside en el dominio sobre el mundo, sino en la capacidad de trascenderlo mediante el autoconocimiento y la conexión con el Pleroma.

La imagen de Jesús en el Evangelio de Judas también contrasta con la de un redentor pasivo que sufre por la humanidad. En lugar de aceptar su destino de manera resignada, Jesús se presenta como un ser que comprende plenamente el significado de su misión y que ve en su muerte no un sacrificio doloroso, sino una liberación. Le explica a Judas que su papel no es sufrir por los pecados de los demás, sino enseñarles cómo liberarse del mundo material. En esta visión gnóstica, la cruz no representa un fin trágico, sino una transición necesaria para que Jesús deje el cuerpo y regrese al Pleroma, mostrándoles a sus seguidores el camino hacia la verdadera libertad espiritual.

Como maestro de sabiduría oculta, Jesús también demuestra una profunda comprensión de la dualidad humana. Reconoce que cada alma está dividida entre el deseo de satisfacción en el mundo físico y el anhelo de regresar a su origen espiritual. En sus enseñanzas, Jesús le muestra a Judas que esta dualidad es el resultado de la creación imperfecta del Demiurgo y que solo a través de la gnosis puede el alma superar esta división y alcanzar la paz. La enseñanza de Jesús es, por tanto, una guía para reconciliar estas dos partes de la naturaleza humana y para alcanzar una integridad que solo es posible mediante el conocimiento de la verdad.

Este conocimiento o gnosis no es algo que pueda ser transmitido de manera superficial; requiere una entrega y un esfuerzo personal de cada buscador. Jesús no promete respuestas fáciles ni ofrece soluciones instantáneas. En cambio, guía a sus discípulos hacia una experiencia directa de la verdad, una realización que solo puede lograrse mediante la introspección y el cuestionamiento de las creencias establecidas. Al actuar como un espejo, Jesús ayuda a cada alma a descubrir por sí misma las respuestas que necesita, invitando a sus seguidores a asumir la responsabilidad de su propio camino y a descubrir la verdad mediante el autoconocimiento.

En su rol de maestro espiritual, Jesús desafía las enseñanzas religiosas y sociales de su época, presentando una visión del mundo que rechaza las jerarquías y dogmas impuestos por las autoridades. En lugar de seguir las normas y estructuras establecidas, Jesús insta a sus discípulos a buscar la verdad dentro de sí mismos, a liberarse de las imposiciones externas y a recordar que su verdadera naturaleza no pertenece a este mundo. Su enseñanza es, en muchos sentidos, una llamada a la independencia espiritual, una invitación a que cada alma descubra su propia conexión con el Dios Supremo y se libere de las limitaciones impuestas por la cultura y la religión.

El Evangelio de Judas presenta a Jesús como un maestro que no se conforma con la veneración ni la obediencia ciega, sino que desafía a sus seguidores a ver la realidad tal como es. Esta enseñanza es una llamada al despertar, un llamado a cada alma a recordar su origen en el Pleroma y a buscar la liberación del mundo material. Jesús muestra que el camino hacia el Pleroma no es un camino de sumisión, sino de conocimiento y autodeterminación. Este enfoque contrasta profundamente con la figura de un salvador que otorga redención a través de la fe y la obediencia, y en su lugar presenta un maestro que guía hacia la iluminación mediante la comprensión.

Finalmente, el papel de Jesús como maestro espiritual en el Evangelio de Judas revela una relación personal y profunda entre maestro y discípulo. La conexión que establece con Judas es una muestra de la confianza y el reconocimiento de que Judas posee la capacidad de entender y actuar en función de la verdad revelada. Al compartir con él el conocimiento de su misión y de la verdadera naturaleza de la realidad, Jesús muestra que el conocimiento espiritual no es para todos, sino solo para aquellos que están preparados para recibirlo y dispuestos a asumir la responsabilidad de su propio despertar.

En conclusión, el Evangelio de Judas presenta a Jesús como un maestro espiritual cuya misión trasciende la simple redención. Su enseñanza es un camino de conocimiento y liberación, una guía para aquellos que buscan la verdad más allá de las apariencias y que están dispuestos a liberarse de las ilusiones del mundo material. Jesús no busca adoradores, sino discípulos comprometidos que puedan acceder a la gnosis y alcanzar la libertad del alma. Este rol como maestro espiritual redefine el propósito de su presencia en el mundo, mostrándolo no como un salvador sacrificial, sino como un guía hacia el Pleroma, un camino que cada alma puede seguir mediante el conocimiento y la transformación interior.

Capítulo 17
El Significado de la Traición

En el Evangelio de Judas, la traición de Judas Iscariote toma un significado totalmente distinto del que se le atribuye en los evangelios canónicos. En lugar de ser un acto de deslealtad, el gesto de Judas se transforma en un acto necesario y profundamente espiritual, un sacrificio que revela una verdad más profunda y oculta. Este acto, que ha sido interpretado tradicionalmente como el símbolo máximo de la traición, es aquí una pieza esencial en el camino de Jesús hacia la liberación y en el proceso de enseñanza espiritual que él encarna. La "traición" de Judas no representa, en este contexto, un simple error humano, sino una parte intrínseca de un misterio más amplio, una puerta de acceso al conocimiento oculto y a la verdad espiritual que Jesús quiere revelar a sus discípulos y, especialmente, a Judas.

La palabra "traición", tal como se entiende en los evangelios tradicionales, implica un acto de abandono, de quiebre de la confianza. Sin embargo, en el Evangelio de Judas, este acto de entrega es mucho más que una traición: es un puente hacia la trascendencia y el cumplimiento de un destino cósmico. En este evangelio, Jesús le revela a Judas que su papel en la historia no es un error, sino una misión que lo conecta directamente con los misterios más profundos de la existencia. Judas es el único que comprende que, al entregarlo, no está destruyendo a su maestro, sino permitiendo que Jesús complete su misión de liberación del mundo material y regrese al Pleroma, el reino de la plenitud divina.

La traición, en este sentido, es un acto cargado de simbolismo y de un valor espiritual inmenso. Al entregar a Jesús a las autoridades, Judas lo libera de las ataduras de la carne y le permite regresar a su verdadera esencia en el Pleroma. Esta "traición" se convierte, por lo tanto, en un sacrificio necesario, un acto de compasión y entendimiento que solo puede ser llevado a cabo por alguien que posee una visión profunda del propósito de Jesús. A través de esta acción, Judas demuestra que ha comprendido las enseñanzas de su maestro y que está dispuesto a asumir el papel que le ha sido destinado, aunque este acto lo coloque en una posición de incomprensión y condena por parte del resto de la humanidad.

El significado de la traición de Judas también resuena con el concepto gnóstico de la necesidad de trascender las apariencias y desafiar las creencias convencionales. La entrega de Jesús no es un acto de odio o codicia, sino una prueba de amor y de obediencia a un propósito superior que trasciende las normas morales del mundo material. En el pensamiento gnóstico, las verdades espirituales son a menudo paradójicas y no pueden ser comprendidas desde la perspectiva limitada de la lógica humana. La traición, en este caso, no es un acto de maldad, sino una manifestación de la gnosis, un reconocimiento de que el verdadero ser de Jesús no puede ser destruido, sino liberado de su forma física para que cumpla con su destino divino.

A través de esta narrativa, el Evangelio de Judas desafía la concepción tradicional de traición y redención. En los textos canónicos, la traición es el acto que desencadena la captura y crucifixión de Jesús, un evento que se interpreta como el sacrificio redentor que expía los pecados de la humanidad. Sin embargo, en el contexto gnóstico, el sacrificio de Jesús no es un acto de sufrimiento en nombre de los demás, sino una liberación de las limitaciones del cuerpo y del mundo físico. La traición de Judas es, por lo tanto, un elemento clave en este proceso de liberación, un acto que permite a Jesús abandonar su existencia terrenal y regresar al Pleroma, donde se encuentra su verdadero ser.

La figura de Judas, entonces, no es la de un villano, sino la de un iniciado que ha comprendido el misterio de la misión de

Jesús. En sus diálogos privados, Jesús le confía secretos que no comparte con los otros discípulos, revelándole que su verdadera misión no es establecer un reino en la tierra, sino guiar a las almas hacia la libertad espiritual. Judas, al aceptar esta revelación, se convierte en el único discípulo que comprende que su maestro no necesita ser salvado, sino liberado. Su acto de entrega, en este sentido, no es un gesto de traición, sino el cumplimiento de una misión sagrada, un sacrificio que solo puede ser comprendido por aquellos que han alcanzado un nivel profundo de gnosis.

La traición también simboliza el dilema de todo buscador espiritual que debe enfrentar la incomprensión y el rechazo en su camino hacia la verdad. Al realizar este acto, Judas se convierte en un símbolo de aquellos que, en su búsqueda de conocimiento, deben desafiar las normas y creencias establecidas. La visión gnóstica de la traición es, por tanto, una invitación a ver más allá de las apariencias, a buscar el significado oculto en los eventos y a reconocer que, en el camino de la gnosis, los actos que parecen condenables desde la perspectiva humana pueden contener una verdad más elevada. Este es el desafío del conocimiento gnóstico: superar las dualidades simplistas de bien y mal y abrirse a una comprensión que abarca las complejidades y paradojas de la existencia.

El papel de Judas como el intermediario en este proceso de liberación también plantea una reflexión sobre la naturaleza del sacrificio y el amor en el contexto gnóstico. Al aceptar su rol como el "traidor", Judas demuestra un nivel de amor y de entrega que va más allá de la lealtad superficial. Él está dispuesto a cargar con el peso del juicio y la incomprensión para permitir que Jesús cumpla con su destino y regrese al Pleroma. Esta entrega es un sacrificio que trasciende el ego y que muestra una devoción que no necesita la aprobación de los demás. El amor, en este contexto, no es posesivo ni condicional; es un amor que comprende la verdad oculta y que actúa desde una sabiduría profunda.

Al reinterpretar la traición de Judas como un acto de liberación, el Evangelio de Judas invita al lector a reflexionar sobre el propósito de la vida y la muerte, sobre el significado del sacrificio y sobre la naturaleza de la libertad espiritual. La entrega de Jesús no es el fin, sino el comienzo de un proceso de transformación que desafía las leyes del mundo material y que permite a su espíritu trascender las limitaciones de la carne. Este sacrificio es un recordatorio de que la verdadera liberación no puede ser alcanzada mediante la obediencia ciega, sino solo a través del conocimiento y el entendimiento profundo de la realidad.

En el contexto de la filosofía gnóstica, la traición de Judas representa una inversión de los valores tradicionales, una invitación a ver la vida desde una perspectiva diferente. La verdad no es siempre lo que parece, y los actos que el mundo condena pueden contener, en su núcleo, un mensaje de amor y de liberación. La gnosis nos enseña que la realidad es compleja y que los eventos deben ser comprendidos desde una perspectiva espiritual para que su verdadero significado se revele. En el caso de Judas, su "traición" es un recordatorio de que las decisiones y acciones humanas deben ser interpretadas más allá de los juicios morales y vistas como oportunidades de crecimiento y autoconocimiento.

La traición de Judas, entonces, no es solo un evento histórico o una narrativa religiosa; es un símbolo arquetípico del sacrificio necesario para la evolución espiritual. Judas, al cumplir con su destino, se convierte en un arquetipo del buscador espiritual, alguien que está dispuesto a sacrificar su reputación y su posición social en aras de una verdad más elevada. Este acto de sacrificio es el sello final de su comprensión espiritual, una muestra de que ha alcanzado la gnosis y de que ha comprendido la naturaleza real de la misión de Jesús. Este sacrificio no es una negación de sí mismo, sino una afirmación de su compromiso con la verdad y con la libertad del alma.

En conclusión, el significado de la traición en el Evangelio de Judas transforma el acto de entrega en un símbolo de liberación y de amor trascendental. Judas, lejos de ser un traidor, es el elegido que comprende el misterio de la vida y de la muerte, y que, al actuar en armonía con la voluntad de su maestro, se convierte en un liberador. Esta reinterpretación de la traición invita al lector a explorar la profundidad de los actos humanos, a comprender que el verdadero conocimiento nos lleva más allá de las apariencias y a reconocer que, en el camino de la gnosis, lo que parece condenable puede, en realidad, ser un paso hacia la verdad y la libertad.

Capítulo 18
Las Esferas Celestiales

En el universo gnóstico, la estructura del cosmos no es un simple escenario físico, sino un entramado de esferas espirituales que representan distintos niveles de conciencia y grados de realidad. Estas esferas, que se elevan en niveles cada vez más cercanos a la plenitud del Pleroma, conforman un mapa de la ascensión espiritual que el alma debe recorrer para regresar al Dios Supremo. A medida que el alma se eleva de una esfera a otra, va despojándose de las ilusiones y limitaciones impuestas por el Demiurgo y sus arcontes, hasta alcanzar la verdadera libertad en la unidad divina.

En el Evangelio de Judas, estas esferas celestiales no solo representan dimensiones del cosmos, sino también estados internos que reflejan el proceso de despertar espiritual. Cada esfera o capa es una etapa que el alma atraviesa en su camino hacia la redención y la liberación. En las esferas inferiores, el alma está más próxima al mundo material y, por tanto, más sujeta a las influencias y distracciones de los arcontes, que buscan retenerla y mantenerla en la ignorancia. Sin embargo, a medida que el alma se eleva, va recuperando la conexión con su verdadera naturaleza y acercándose al Pleroma, el reino de la luz y la paz eterna.

Cada esfera celestial tiene guardianes que cumplen la función de impedir el acceso al siguiente nivel. Estos guardianes son los arcontes, seres que están al servicio del Demiurgo y que actúan como vigilantes y obstaculizadores de las almas que intentan trascender. Los arcontes representan diferentes aspectos de la ignorancia, el deseo y el miedo, y utilizan estos atributos para mantener al alma atrapada. En este sentido, el camino a través de las esferas no es solo un ascenso espacial, sino un viaje interior en el que el alma debe vencer las tentaciones y apegos que la mantienen anclada a las experiencias mundanas.

Las esferas inferiores son, por naturaleza, lugares de densidad y limitación. En estas capas, el alma experimenta las ilusiones del mundo material de manera intensa, atrapada en el ciclo de nacimiento y muerte, influenciada por el deseo, la avaricia y el ego. Estas esferas representan los niveles de conciencia donde el alma todavía está profundamente identificada con el cuerpo y sus necesidades, creyendo que el mundo físico es la única realidad. Es aquí donde la mayoría de las almas permanecen, sin recordar su verdadero origen y su conexión con el Pleroma. La presencia de los arcontes en estas esferas se siente en cada pensamiento y emoción que refuerza la identidad con el cuerpo y con los deseos pasajeros.

El alma, sin embargo, tiene la posibilidad de iniciar su ascenso a través de estas esferas mediante la gnosis, el conocimiento revelador que disuelve la ignorancia y permite ver más allá de las ilusiones del Demiurgo. Este ascenso es un proceso de autoconocimiento y purificación, en el cual el individuo comienza a desapegarse de las ataduras materiales y a conectar con su esencia divina. La gnosis es la clave que abre cada una de las esferas y que permite al alma liberarse de las trampas que los arcontes han colocado en cada nivel. A través de la gnosis, el alma puede ver más allá de las apariencias y reconocer las trampas emocionales y mentales que la retienen en los planos inferiores.

En las esferas intermedias, el alma experimenta una disminución de la densidad material y comienza a percibir de manera más clara su verdadera naturaleza espiritual. Estas esferas representan estados de conciencia en los que el individuo ha logrado un cierto nivel de desapego de los deseos y miedos terrenales, y donde empieza a percibir la luz del Pleroma. Sin embargo, todavía existen influencias y tentaciones, y el ascenso no es inmediato. A medida que el alma avanza, los arcontes intentan crear confusión y dudas, presentando visiones o distracciones que desvíen al buscador de su camino hacia la liberación.

Estas esferas intermedias también simbolizan las pruebas espirituales que el individuo debe superar para continuar su camino hacia el Pleroma. Cada nivel representa un aspecto de la dualidad que el alma debe trascender: amor y odio, apego y desapego, temor y valor. A medida que el alma progresa, va despojándose de las ataduras emocionales y mentales que la retienen y, a través del conocimiento profundo de su propia naturaleza, se prepara para entrar en las esferas superiores. Este proceso es un camino de liberación gradual, en el cual el buscador gana claridad y comprensión, recordando que su verdadera esencia no está en el mundo material, sino en la luz divina.

Al alcanzar las esferas superiores, el alma experimenta un estado de paz y claridad casi absoluto, un nivel donde las influencias del Demiurgo son casi inexistentes y la luz del Pleroma se percibe con una nitidez que va más allá de la comprensión humana. Estas esferas son las últimas etapas del viaje, los niveles donde el alma se encuentra prácticamente libre de las ilusiones de la materia y puede ver la realidad en su plenitud. Aquí, el individuo ha trascendido los deseos y las ataduras que lo retenían, y se encuentra en un estado de armonía y conexión con el Dios Supremo. Es en estos niveles donde el alma se prepara para su entrada final en el Pleroma, el reino de la perfección y la paz absoluta.

El Pleroma, la esfera suprema, es el destino final de cada alma que ha logrado liberarse del ciclo de reencarnación y escapar de la influencia de los arcontes. En este reino, no existen las dualidades ni las divisiones; todo es unidad, luz y plenitud. El alma, al regresar al Pleroma, se reintegra en el Dios Supremo y experimenta una paz eterna y una libertad absoluta. Este es el objetivo último del camino gnóstico, el regreso a la fuente divina donde el ser alcanza la unidad completa con el cosmos y con su verdadera naturaleza.

El recorrido a través de las esferas celestiales en el Evangelio de Judas no es solo una narración cosmológica, sino una guía para el despertar espiritual. Cada esfera representa un aspecto de la vida interior y del proceso de autoconocimiento que el alma debe atravesar para liberarse de las ilusiones de la materia. Este viaje, aunque arduo y lleno de desafíos, es la única vía hacia la libertad y la paz auténticas. Al final del recorrido, el alma no solo se libera de las ataduras del Demiurgo, sino que también se reencuentra con la verdad de su propio ser, recordando que siempre ha sido una extensión de la divinidad.

En conclusión, las esferas celestiales en el Evangelio de Judas representan el camino de ascensión espiritual que el alma debe seguir para alcanzar su liberación. Estas esferas, que van desde las capas más densas de la materia hasta la luz pura del Pleroma, describen el proceso de transformación interior que permite al ser humano recordar su origen divino y regresar al Dios Supremo. A medida que el alma recorre cada esfera, se despoja de las ilusiones y las ataduras que la retenían, y se prepara para entrar en el reino de la paz y la plenitud eternas. Este es el verdadero propósito del viaje espiritual: recordar, despertar y regresar a la fuente de toda existencia.

Capítulo 19
Las Limitaciones del Mundo Material

En el Evangelio de Judas y en la doctrina gnóstica en general, el mundo material no es visto como una creación perfecta o deseable, sino como una prisión construida por el Demiurgo para mantener las almas atrapadas en un ciclo de ilusiones, deseos y sufrimientos. Esta visión de la materia como una limitación impuesta sobre la esencia espiritual del ser humano contrasta radicalmente con la visión ortodoxa, que considera la creación como una obra de un dios benevolente y omnipotente. Para los gnósticos, el mundo físico es un reflejo distorsionado del verdadero reino espiritual, una trampa que distrae y aprisiona al alma, impidiéndole recordar su origen divino y regresar al Pleroma, el reino de plenitud y unidad absoluta con el Dios Supremo.

El mundo material, según esta perspectiva, está lleno de limitaciones inherentes que separan al ser humano de su verdadera esencia y de su potencial espiritual. Estas limitaciones no son accidentales; han sido deliberadamente impuestas por el Demiurgo y sus arcontes para mantener a las almas en un estado de ignorancia y desconexión. La materia se convierte así en una barrera que restringe la conciencia, encerrándola en el ciclo de nacimiento, vida y muerte, y sujetándola a las leyes del tiempo y el espacio. En este ciclo, las almas experimentan una realidad que parece sólida y permanente, pero que es, en realidad, una ilusión diseñada para mantenerlas alejadas del conocimiento y la libertad espiritual.

En el Evangelio de Judas, Jesús revela a Judas que el mundo material es una prisión, una construcción que limita y condiciona la percepción del ser humano. Cada aspecto de la vida física —desde las necesidades del cuerpo hasta los deseos y temores de la mente— es una distracción que mantiene al individuo enfocado en lo externo y lo superficial. El cuerpo, lejos de ser un vehículo de expresión del espíritu, se convierte en una carga que ata al alma a la tierra, haciendo que olvide su conexión con el Pleroma y sus orígenes en el Dios Supremo. Este cuerpo, sometido a la enfermedad, el envejecimiento y la muerte, es una de las mayores pruebas para el alma, ya que la lleva a identificarse con sus debilidades y a perder de vista su verdadera naturaleza espiritual.

La percepción de la realidad física es otra de las limitaciones que el Demiurgo ha impuesto sobre las almas. A través de los sentidos, el ser humano experimenta un mundo que parece real, tangible y absoluto. Sin embargo, según la visión gnóstica, esta percepción es engañosa; los sentidos captan solo una superficie, una capa superficial de la existencia que oculta la verdadera esencia de la realidad. Los arcontes, al crear esta ilusión, manipulan la percepción y el pensamiento humano, reforzando la idea de que el mundo material es la única realidad posible. Así, el alma queda atrapada en una red de ilusiones, confundiendo la apariencia con la verdad y el mundo material con la plenitud.

Las emociones y deseos también son parte de esta limitación. En el gnosticismo, los deseos y las pasiones humanas son vistos como instrumentos de los arcontes para mantener al individuo atado al mundo físico. Los deseos materiales, el ansia de posesiones, el apego a las relaciones y el temor a la pérdida y la muerte son todos mecanismos que los arcontes utilizan para mantener a las almas en un estado de dependencia y sumisión. A través de estos deseos y emociones, el alma se enreda en preocupaciones y apegos mundanos, olvidando su origen espiritual y su conexión con el Pleroma. Estas emociones se convierten en cadenas invisibles que atan al ser humano a una vida de constantes altibajos, un ciclo sin fin de placer y sufrimiento que lo distrae de la búsqueda de la verdad.

En el Evangelio de Judas, Jesús invita a Judas a ver más allá de estas limitaciones y a comprender que el propósito de su existencia no es vivir en este mundo material, sino trascenderlo. El verdadero camino de la salvación, según las enseñanzas gnósticas, no consiste en perfeccionar la vida terrenal ni en acumular méritos en el mundo físico, sino en liberarse de las ataduras de la carne y de las ilusiones de los sentidos. Este camino de liberación se inicia con el despertar a la gnosis, un conocimiento profundo que permite ver el mundo material como lo que realmente es: una ilusión temporal creada por un poder imperfecto y limitante.

El tiempo y el espacio, dos de las fuerzas más fundamentales del mundo material, también son considerados en el gnosticismo como elementos de control. El tiempo, con su flujo inexorable, encierra al ser humano en una percepción de finitud, en la idea de que todo tiene un inicio y un fin, una vida y una muerte. Esta linealidad temporal limita la conciencia y la hace depender de un presente pasajero, manteniéndola siempre en el temor a la pérdida y en el deseo de permanencia. El espacio, por su parte, fragmenta la realidad en objetos y formas distintas, imponiendo la ilusión de separación entre las almas y el Pleroma. Al experimentar el mundo a través del tiempo y el espacio, el alma olvida su naturaleza atemporal e infinita, creyendo que es un ser separado y limitado por las dimensiones físicas.

El sufrimiento es otra de las limitaciones inherentes al mundo material. La existencia física está marcada por el dolor, la enfermedad, la frustración y la muerte, todas experiencias que refuerzan la idea de que el mundo es un lugar inhóspito e incierto. Para los gnósticos, el sufrimiento no es un castigo o una prueba enviada por un dios benevolente, sino una consecuencia de estar atrapados en una creación defectuosa. El Demiurgo y sus arcontes utilizan el sufrimiento para someter a las almas, para hacer que se enfoquen en su supervivencia y olviden su verdadera esencia. Sin embargo, para quienes han despertado a la gnosis, el sufrimiento se convierte en una señal de que el mundo material no es su hogar, un recordatorio de que su verdadero destino se encuentra más allá de las limitaciones de la carne y de las estructuras del Demiurgo.

El Evangelio de Judas ofrece una visión en la que Jesús, como maestro espiritual, enseña a sus discípulos que estas limitaciones del mundo material son parte de una prisión que el alma debe reconocer y trascender. Al comprender la naturaleza de estas limitaciones, el ser humano puede comenzar a liberarse de ellas, desapegándose de las preocupaciones terrenales y conectándose con la realidad espiritual del Pleroma. Esta liberación no es un acto de negación, sino una transformación profunda de la percepción y de la relación con el mundo. Al ver las ilusiones y limitaciones por lo que realmente son, el alma puede dejar de identificarse con ellas y recordar su origen divino.

En última instancia, la meta del camino gnóstico es trascender todas las limitaciones impuestas por el Demiurgo y alcanzar un estado de libertad espiritual en el cual el alma pueda regresar al Pleroma. Este estado de libertad no depende de mejorar o modificar el mundo físico, sino de recordar la verdadera naturaleza del ser y de conectar con el Dios Supremo. A través de la gnosis, el ser humano puede superar las ilusiones del tiempo, del espacio, del deseo y del sufrimiento, reconociendo que su verdadera esencia no está sujeta a las reglas de la creación material.

En conclusión, el Evangelio de Judas nos revela que el mundo material, lejos de ser un hogar para el alma, es una prisión diseñada para retenerla y someterla a las leyes del Demiurgo. Las limitaciones del cuerpo, del tiempo, del espacio, de los deseos y del sufrimiento no son obstáculos menores, sino barreras fundamentales que el ser humano debe trascender para recordar su verdadera naturaleza. La gnosis es la llave para superar estas limitaciones, el conocimiento que permite ver más allá de las apariencias y descubrir la libertad que yace en el núcleo del alma. Al trascender el mundo material y sus restricciones, el alma puede finalmente emprender su regreso al Pleroma, al reino de la paz y la unidad con el Dios Supremo.

Capítulo 20
El Sufrimiento como Despertar

En el pensamiento gnóstico y, en particular, en las enseñanzas del Evangelio de Judas, el sufrimiento es percibido como una experiencia ambivalente, un fenómeno que, aunque parece sombrío y doloroso, encierra en sí mismo una posibilidad de liberación y de despertar. Mientras que la visión tradicional del sufrimiento suele interpretarlo como un castigo o una prueba enviada por un dios benevolente para purificar el alma, el gnosticismo plantea que el dolor y el sufrimiento son manifestaciones de la imperfección del mundo material, una consecuencia de estar atrapados en una creación que es, en su esencia, una cárcel construida por el Demiurgo. Sin embargo, en esta misma imperfección, en esta misma experiencia de dolor, reside también una oportunidad de recordar que el verdadero destino del alma está más allá del mundo físico.

El sufrimiento, desde esta perspectiva, se convierte en un recordatorio constante de que el mundo material no es el hogar definitivo del alma. Las aflicciones, las pérdidas y los dolores que el ser humano experimenta en su existencia terrenal actúan como llamados al despertar, invitaciones a ver más allá de las ilusiones de la carne y de las promesas de satisfacción que ofrece el Demiurgo. Cada vez que el individuo experimenta dolor, ya sea físico, emocional o espiritual, se le presenta la oportunidad de reflexionar sobre la naturaleza de su propia existencia y de preguntarse si su verdadera identidad reside en un cuerpo susceptible a la enfermedad y la muerte, o si, por el contrario, su esencia es algo más profundo y eterno.

El Evangelio de Judas presenta esta visión de manera explícita a través de los diálogos entre Jesús y Judas. Jesús revela que el sufrimiento no es un castigo ni una condena, sino una consecuencia inevitable de estar atrapado en un mundo imperfecto. La vida en el mundo material está llena de obstáculos, dolores y limitaciones, pero estos mismos elementos pueden despertar en el alma una urgencia de liberación, un deseo de trascender lo mundano y de conectar con la verdad. Esta comprensión convierte al sufrimiento en un maestro, en una experiencia que empuja al ser humano hacia el autoconocimiento y el cuestionamiento de las ilusiones.

Para el gnosticismo, la forma en que cada persona enfrenta su sufrimiento revela su nivel de conciencia y su disposición para el despertar espiritual. El individuo que permanece identificado con el cuerpo y con las realidades materiales tiende a ver el sufrimiento como algo que debe evitarse a toda costa, como una maldición o un fracaso. Sin embargo, aquel que ha comenzado a percibir la naturaleza ilusoria del mundo material entiende el sufrimiento como una llamada a despertar. Este dolor lo impulsa a buscar respuestas más allá de las explicaciones superficiales y a indagar en el significado más profundo de su existencia. El sufrimiento se convierte, en este sentido, en una puerta de acceso a la gnosis, a la posibilidad de ver la realidad como realmente es.

La experiencia del dolor y de la pérdida también invita al alma a desapegarse de las cosas transitorias. En el mundo material, los seres humanos tienden a construir sus identidades alrededor de los logros, las posesiones y las relaciones. Sin embargo, cuando estos elementos se desvanecen o son arrebatados, el individuo se ve obligado a cuestionar la permanencia y el valor de todo lo que le rodea. En el gnosticismo, este cuestionamiento es esencial, pues lleva al ser humano a comprender que nada de lo que posee o experimenta en el mundo material es eterno. Al desapegarse de los bienes y de las personas, el alma puede recordar su verdadera naturaleza y dirigirse hacia el Pleroma, el reino de la plenitud y la paz inmutable.

El sufrimiento, entonces, no es un fin en sí mismo, sino un medio a través del cual el alma puede recordar su verdadera esencia. Al enfrentar las pérdidas y los dolores de la vida, el individuo puede comenzar a ver el mundo material como una construcción temporal y limitada, una realidad que no puede satisfacer las aspiraciones más profundas del ser. Este proceso de desapego y reflexión transforma el sufrimiento en un camino de purificación, una forma de despojarse de las ilusiones y de acercarse al conocimiento de la propia divinidad. A través del sufrimiento, el alma se libera de las ataduras que la mantenían sumergida en el olvido y se abre a la posibilidad de un despertar auténtico.

En el Evangelio de Judas, esta idea se presenta como una paradoja espiritual: para alcanzar la paz y la liberación, el alma debe enfrentarse primero al dolor y al vacío que caracterizan al mundo físico. Jesús explica a Judas que el sufrimiento es una señal de que el mundo material es una creación imperfecta, una obra del Demiurgo que no puede ofrecer satisfacción plena. El dolor es una manifestación de esta imperfección y, al mismo tiempo, una clave que indica que el verdadero hogar del alma no es la tierra, sino el Pleroma. Aquellos que comprenden esta verdad pueden utilizar el sufrimiento como una oportunidad de crecimiento espiritual, como un impulso que los lleva a buscar el conocimiento y la liberación.

El camino del sufrimiento como despertar también exige valentía y humildad. La naturaleza humana, en su estado de ignorancia, tiende a buscar el placer y a evitar el dolor, aferrándose a las ilusiones de seguridad y estabilidad que el mundo material ofrece. Sin embargo, cuando el ser humano reconoce la impermanencia y el engaño de estas promesas, adquiere la fortaleza para enfrentarse al sufrimiento con una nueva perspectiva. Esta fortaleza no es una resistencia ciega, sino una apertura al aprendizaje y a la transformación. Al aceptar el sufrimiento como parte de la experiencia humana, el individuo aprende a desapegarse y a recordar que su verdadera identidad está más allá de la carne y de las emociones pasajeras.

El sufrimiento también actúa como un espejo que refleja las sombras del ego, los deseos, miedos y apegos que mantienen al alma atrapada en el mundo material. Al experimentar dolor, el individuo se ve obligado a confrontar los aspectos de su personalidad que lo atan a la creación del Demiurgo. Esta confrontación es esencial para el proceso de despertar, pues permite ver el ego como una construcción ilusoria y comenzar el trabajo de desmantelar sus influencias. A medida que el alma se despoja de las ilusiones del ego, se abre al conocimiento de su verdadera naturaleza y se conecta con el Pleroma, alcanzando una paz que trasciende las fluctuaciones de la vida terrenal.

El Evangelio de Judas sugiere que, al comprender el significado oculto del sufrimiento, el alma puede encontrar en él una fuente de redención y liberación. El dolor deja de ser una carga y se convierte en un impulso hacia el autoconocimiento y la trascendencia. Aquellos que han alcanzado la gnosis pueden ver el sufrimiento con una nueva luz, comprendiendo que este es parte del proceso de purificación y de retorno a la plenitud espiritual. En lugar de evadir o resistir el sufrimiento, el gnóstico lo acepta como una parte natural del viaje de liberación, una oportunidad para recordar su verdadera esencia y para acercarse al Dios Supremo.

Finalmente, el sufrimiento, como experiencia de despertar, enseña al alma a desarrollar la compasión. Al experimentar su propio dolor, el ser humano adquiere una comprensión profunda de la fragilidad de la existencia material y de las pruebas que enfrentan todos los seres atrapados en el ciclo de nacimiento y muerte. Esta compasión no es un sentimiento de lástima, sino una empatía que reconoce que todos los seres comparten la misma búsqueda de liberación. A través de esta compasión, el gnóstico se conecta con los demás a un nivel espiritual y comprende que, en última instancia, todos los seres son fragmentos del Pleroma que buscan regresar a su origen.

En conclusión, el Evangelio de Judas presenta el sufrimiento como una herramienta de despertar, un recordatorio constante de que el mundo material es una ilusión y de que el verdadero propósito del alma es liberarse de las cadenas del Demiurgo. A través del sufrimiento, el alma aprende a desapegarse de las ilusiones, a confrontar sus propias sombras y a recordar su naturaleza divina. Este proceso de transformación convierte el dolor en un camino hacia la gnosis, el conocimiento que permite al individuo ver más allá de las apariencias y recordar que su verdadero hogar se encuentra en el Pleroma. El sufrimiento, lejos de ser un castigo, es una oportunidad de crecimiento y un impulso hacia la paz y la libertad eternas.

Capítulo 21
Prácticas de Meditación Gnóstica

Dentro de la tradición gnóstica, la meditación se concibe no solo como una técnica de relajación o introspección, sino como un método profundo de autodescubrimiento y conexión con la verdad interior. En el Evangelio de Judas y en otras enseñanzas gnósticas, la meditación se describe como un puente hacia la gnosis, un camino que permite al alma liberarse de las limitaciones del mundo material y conectar con el Pleroma, el reino de la plenitud divina. La práctica de la meditación en este contexto es una herramienta esencial que ayuda al ser humano a apartarse de las distracciones del Demiurgo y a concentrarse en su verdadera esencia, aquella chispa divina que lleva dentro y que anhela regresar a su fuente.

En el gnosticismo, la meditación es una puerta que lleva al autoconocimiento, un proceso que invita al practicante a observar y trascender las ilusiones impuestas por los sentidos y los pensamientos. La mente humana, influenciada por el mundo material y las construcciones del Demiurgo, se encuentra frecuentemente atrapada en preocupaciones, deseos y miedos que refuerzan su identidad con el ego y la separan de su naturaleza espiritual. La meditación, al enfocar la atención hacia el interior, permite ver con claridad estos patrones y condicionamientos, revelando la esencia espiritual que se encuentra más allá de la mente y el cuerpo.

La práctica de la meditación gnóstica suele comenzar con ejercicios de atención plena, en los que el practicante aprende a observar sus pensamientos y emociones sin identificarse con ellos. Este estado de observación permite tomar conciencia de la naturaleza ilusoria del ego y de los deseos, ayudando a la mente a desapegarse de las preocupaciones mundanas y a experimentar un estado de paz interior. La atención plena en el contexto gnóstico es una práctica que permite desactivar los vínculos que atan al ser humano al mundo material, y facilita el acceso a la gnosis, ese conocimiento interior que revela la verdadera naturaleza de la realidad y del alma.

Para los gnósticos, el silencio es una condición fundamental en la meditación, pues permite al practicante trascender el ruido de los pensamientos y las distracciones externas. En el silencio, la mente se aquieta, y el alma comienza a experimentar una conexión con el Pleroma, el reino de la luz pura. En este estado de silencio profundo, el practicante puede experimentar vislumbres de su verdadera naturaleza y sentir la paz que emana de la unidad con el Dios Supremo. El silencio, en la meditación gnóstica, es más que la ausencia de sonidos; es un espacio en el que se disuelven las fronteras del ego y se accede a una conciencia que trasciende el tiempo y el espacio.

Una de las prácticas meditativas que se emplean en el gnosticismo es la visualización de la luz interior. En esta práctica, el practicante cierra los ojos y dirige su atención hacia el centro de su ser, visualizando una luz que emana desde el corazón o el tercer ojo. Esta luz simboliza la chispa divina, esa esencia espiritual que conecta al ser humano con el Pleroma y con el Dios Supremo. Al concentrarse en esta luz, el practicante siente cómo se expande y se fortalece, permitiéndole experimentar una sensación de paz y de conexión profunda con la fuente de toda existencia. Esta visualización de la luz interior ayuda a superar las distracciones del Demiurgo y a establecer un vínculo directo con la esencia divina.

Otra práctica importante en la meditación gnóstica es la respiración consciente. La respiración, en el gnosticismo, es vista como un puente entre el cuerpo y el espíritu, un ritmo natural que conecta al ser humano con la energía del universo. Al enfocar la atención en la respiración, el practicante puede aquietar la mente y centrar su conciencia en el momento presente, permitiendo que su mente se libere de las preocupaciones del pasado y del futuro. La respiración consciente también ayuda a armonizar el cuerpo y a reducir las tensiones, preparando al practicante para alcanzar estados más profundos de meditación y conexión espiritual.

La meditación en el gnosticismo también implica la práctica del desapego, un proceso en el cual el individuo aprende a observar sus pensamientos y deseos sin aferrarse a ellos. Este desapego es esencial, ya que permite que el alma se libere de los lazos emocionales y mentales que la atan al mundo material. Al meditar, el practicante aprende a observar cómo surgen los deseos y los miedos, y a dejarlos pasar sin identificarse con ellos. Este proceso de desapego es una forma de purificación, una manera de despojarse de las capas de ilusión que cubren la verdadera esencia del ser y de prepararse para la experiencia directa de la gnosis.

El Evangelio de Judas sugiere que la meditación es también una herramienta para trascender las dualidades del mundo material. En la práctica meditativa, el individuo experimenta la disolución de las divisiones entre el yo y el otro, entre el bien y el mal, y entre el placer y el dolor. Al trascender estas dualidades, el practicante se conecta con un estado de unidad que refleja la naturaleza del Pleroma, donde no existen las divisiones ni los opuestos. Este estado de unidad es el objetivo último de la meditación gnóstica, un estado en el que el alma puede experimentar la paz y la plenitud que solo se encuentran en el reino del Dios Supremo.

La meditación gnóstica también incluye la práctica de la contemplación. A diferencia de la meditación silenciosa o de la visualización, la contemplación es una práctica en la que el practicante reflexiona sobre un concepto espiritual o una revelación de la gnosis. En esta práctica, el individuo elige un tema, como la naturaleza del alma, la realidad del Demiurgo, o la conexión con el Dios Supremo, y se sumerge en una reflexión profunda sobre ese tema, permitiendo que las respuestas emerjan desde su interior. Esta práctica de contemplación ayuda al practicante a profundizar en el conocimiento espiritual y a integrar la gnosis en su vida diaria.

Para aquellos que buscan adentrarse en la meditación gnóstica, es esencial crear un ambiente de tranquilidad y respeto. La práctica puede realizarse en un espacio silencioso, libre de distracciones y decorado de manera sencilla, quizás con una vela o un símbolo espiritual que inspire al practicante. Este entorno facilita la concentración y ayuda a establecer una conexión con el propósito profundo de la meditación. La regularidad es también un elemento importante en la práctica, pues la meditación gnóstica requiere dedicación y disciplina para alcanzar los estados de paz y conocimiento que conducen a la gnosis.

Finalmente, la meditación gnóstica no es una práctica aislada, sino un componente esencial de un camino de vida que busca la liberación y el retorno al Pleroma. Los gnósticos ven la meditación como un vehículo para despertar el conocimiento interior y para recordar la verdadera naturaleza de la existencia. A través de la meditación, el practicante se distancia de las ilusiones impuestas por el Demiurgo y se adentra en un proceso de autodescubrimiento que lo acerca cada vez más a la paz y la libertad espirituales.

En conclusión, las prácticas de meditación gnóstica descritas en el Evangelio de Judas y en las enseñanzas gnósticas representan un camino de autoconocimiento y liberación. A través de la atención plena, la visualización de la luz, la respiración consciente, el desapego y la contemplación, el practicante puede experimentar una conexión directa con su esencia divina y con el Pleroma. Estas prácticas, lejos de ser meras técnicas, son puertas hacia la gnosis, el conocimiento que revela la verdad de la existencia y que libera al alma de las ataduras del mundo material. La meditación, en el gnosticismo, es un retorno a la fuente, un despertar a la luz interior que guía al ser humano en su viaje de regreso al Dios Supremo.

Capítulo 22
La Importancia del Silencio

En el camino gnóstico, el silencio es más que la ausencia de palabras o ruido: es un espacio sagrado donde se disuelven las distracciones y el alma puede entrar en comunión directa con su esencia divina. En el Evangelio de Judas y en las enseñanzas gnósticas en general, el silencio se presenta como una herramienta esencial para alcanzar el conocimiento verdadero, o gnosis. Este silencio no solo apacigua los pensamientos, sino que permite al individuo ver más allá de las ilusiones del mundo material, apartándose del ruido constante que el Demiurgo y sus arcontes utilizan para mantener al alma sumida en la ignorancia.

La importancia del silencio radica en su capacidad de conectar al practicante con una dimensión interna que trasciende la dualidad y las preocupaciones del ego. Mientras el mundo material está dominado por el ruido, la actividad incesante y las distracciones, el silencio ofrece un refugio donde el alma puede recordar su verdadero origen y experimentar la paz del Pleroma. El silencio, en este sentido, es un estado de vacuidad consciente, un espacio en el que el ser humano puede liberar su mente de las limitaciones impuestas por el Demiurgo y experimentar una libertad que no depende de lo exterior.

Para los gnósticos, el silencio es un acto de rebeldía contra el ruido del mundo. Este ruido, tanto externo como interno, es un reflejo de las ilusiones que mantienen a la mente ocupada en pensamientos y emociones que refuerzan la identidad con el cuerpo y con los deseos efímeros. A través del silencio, el gnóstico puede observar cómo estos pensamientos y emociones surgen, comprender su naturaleza ilusoria y, al no identificarse con ellos, comenzar a trascender las ataduras que lo unen al mundo material. En el Evangelio de Judas, Jesús muestra que el silencio es un estado en el cual la mente deja de ser un obstáculo y se convierte en un medio para acceder a la verdad espiritual.

Al practicar el silencio, el buscador espiritual abre un espacio para que emerja la voz de su yo superior. Esta voz, a diferencia del bullicio de los pensamientos, es serena y clara, una guía que proviene de la chispa divina que reside en el interior. En el silencio, el individuo puede escuchar esta voz y recibir orientación directa de su esencia divina, experimentando una conexión íntima con el Pleroma. Este proceso no es inmediato; requiere práctica y dedicación, pero permite al alma recordar su verdadero propósito y fortalecer su voluntad de liberarse de las ilusiones de la carne.

La práctica del silencio en el gnosticismo también implica un retiro temporal de las distracciones externas, de las palabras y de las preocupaciones de la vida cotidiana. Este retiro no es una evasión de la realidad, sino una búsqueda activa de la verdad. Al permanecer en silencio, el practicante se aparta de las influencias del Demiurgo y de los arcontes, quienes utilizan el ruido y las tentaciones del mundo para mantener a las almas atrapadas en el olvido. Este acto de silencio es una purificación, un momento en el que el individuo puede regresar a sí mismo y experimentar una paz que trasciende las circunstancias externas.

La introspección que el silencio fomenta es otro aspecto fundamental en el camino gnóstico. Al silenciar la mente y enfocarse en el interior, el practicante puede observar las sombras y limitaciones que han sido impuestas sobre su alma. Estos condicionamientos, que incluyen los deseos, miedos y apegos, son el resultado de la influencia del Demiurgo y representan los obstáculos que el alma debe superar para alcanzar la gnosis. En el silencio, el buscador puede examinar estos condicionamientos sin juzgarlos, reconociendo su naturaleza ilusoria y liberándose de ellos.

El silencio, además, permite al gnóstico experimentar un estado de unidad que se asemeja a la plenitud del Pleroma.

Mientras el ruido fragmenta la percepción y dispersa la mente, el silencio unifica y profundiza la conexión del individuo con su esencia. En este estado de unidad, el practicante puede sentir una paz que no proviene de la satisfacción de los deseos ni de la ausencia de problemas, sino de la conciencia de que su ser verdadero es indivisible y eterno. Esta paz, que el silencio hace posible, es una anticipación de la liberación que el alma alcanzará al regresar al Pleroma.

En el Evangelio de Judas, el silencio se presenta como un medio para acceder al conocimiento secreto, a una sabiduría que no puede ser transmitida por medio de palabras ni explicaciones. Este conocimiento, que es la gnosis, solo puede ser experimentado de manera directa en el silencio del ser. Al entrar en este estado, el gnóstico deja de depender de las enseñanzas externas y descubre la verdad en su propio interior. Este proceso es profundamente transformador, ya que convierte al practicante en su propio maestro y lo libera de la necesidad de buscar la verdad fuera de sí mismo.

La importancia del silencio también se manifiesta en el poder de observar sin intervenir, de contemplar sin juzgar. Al practicar el silencio, el individuo aprende a observar sus pensamientos y emociones sin reaccionar ante ellos, sin dejarse arrastrar por sus impulsos y deseos. Este estado de observación desapegada permite al practicante desarrollar un nivel de conciencia superior, una percepción que no está influenciada por el ego y que permite ver la realidad tal como es. A través de esta observación silenciosa, el gnóstico puede experimentar momentos de claridad que lo acercan a la comprensión de la naturaleza divina de su ser.

El silencio, en última instancia, es una preparación para la experiencia directa del Pleroma. Al acostumbrarse al silencio, el alma se vuelve receptiva a la paz y a la plenitud que solo pueden ser experimentadas en el reino de la luz. En este sentido, el silencio no es solo un medio para alcanzar la gnosis, sino un anticipo de la liberación definitiva. Aquellos que han aprendido a permanecer en silencio, a escuchar y a observar sin interferir, están mejor preparados para trascender las ilusiones del Demiurgo y para alcanzar la paz del Pleroma.

La práctica del silencio es también una forma de desapego, un acto que permite al practicante liberarse de las preocupaciones y deseos mundanos. Al permanecer en silencio, el gnóstico se distancia de los pensamientos de ambición, miedo y deseo que refuerzan la identidad con el mundo material. Este desapego, en el contexto del silencio, no es una negación de la vida, sino una afirmación de que el verdadero ser no depende de las experiencias y posesiones del mundo físico. En el silencio, el alma puede recordar su origen en el Pleroma y experimentar un estado de libertad que no está condicionado por lo externo.

En conclusión, el silencio en el gnosticismo es una herramienta de autoconocimiento y de liberación espiritual. A través del silencio, el alma puede apartarse de las ilusiones del mundo, escuchar su voz interior y experimentar una paz que refleja la naturaleza del Pleroma. Este silencio, lejos de ser un acto de pasividad, es un acto de profunda resistencia contra el ruido y las distracciones que el Demiurgo utiliza para mantener a las almas en la ignorancia. Al practicar el silencio, el gnóstico se acerca al conocimiento verdadero, a la gnosis, y prepara su alma para el retorno a la unidad con el Dios Supremo.

Capítulo 23
Ritual de Purificación Espiritual

En el Evangelio de Judas y en las tradiciones gnósticas, el ritual de purificación espiritual es una práctica esencial que permite al alma liberarse de las influencias del Demiurgo y de sus arcontes, aquellos seres que retienen a las almas en el ciclo de ignorancia y sufrimiento. Este tipo de purificación no es un simple acto simbólico, sino un proceso profundo de transformación y desapego, un momento sagrado en el que el alma se desprende de las impurezas acumuladas en el mundo material y se prepara para el viaje hacia el Pleroma, el reino de la luz divina.

En la cosmovisión gnóstica, el ser humano vive en una realidad llena de engaños y distracciones, creada precisamente para que el alma olvide su origen en el Dios Supremo y se identifique con el cuerpo y el mundo físico. La purificación espiritual es un paso necesario para recuperar esta conexión divina, pues ayuda al practicante a despojarse de las ilusiones y deseos que lo atan a las limitaciones del mundo material. Esta práctica, que puede adoptar distintas formas según la tradición gnóstica, permite al buscador prepararse para la gnosis, el conocimiento revelador que lo guiará en el retorno a su verdadera esencia.

La preparación para el ritual de purificación es en sí misma una disciplina de gran importancia. En el contexto gnóstico, esta preparación implica tanto un retiro de las distracciones externas como un enfoque interior hacia la pureza del alma. Antes de comenzar el ritual, el practicante suele buscar un espacio tranquilo, apartado de las influencias del mundo exterior, y se entrega a la introspección. Este proceso de retiro no es una simple desconexión, sino un regreso consciente hacia el interior, un alejamiento de las ilusiones creadas por el Demiurgo y un acercamiento a la verdad profunda que yace en el alma. El silencio, la paz y el aislamiento son esenciales en esta fase inicial.

Una parte importante del ritual de purificación es la práctica de la limpieza interna, que comienza con la observación de los pensamientos y deseos que dominan la mente. En el gnosticismo, estos pensamientos son percibidos como residuos del mundo material, reflejos de la influencia del Demiurgo y de los arcontes, que buscan mantener a las almas en la ignorancia. Al observar estos pensamientos sin identificarse con ellos, el practicante empieza a liberarse de sus influencias y a despejar su conciencia para conectar con la luz interior. Esta limpieza de la mente es un acto de desapego, una primera etapa en la cual el buscador comienza a reconocerse como algo separado de las emociones y deseos que lo distraen.

La respiración consciente también juega un papel fundamental en el proceso de purificación. Al concentrarse en la respiración, el practicante puede calmar la mente, aquietar las emociones y crear un espacio interno que esté libre de distracciones. La respiración, en el gnosticismo, es vista como un símbolo del vínculo entre el cuerpo y el espíritu, un flujo de vida que conecta al individuo con la energía cósmica. Al practicar una respiración consciente y pausada, el gnóstico se alinea con esta energía y permite que la paz y la claridad se instalen en su interior, liberándose de las tensiones que provienen de las demandas del mundo exterior.

Otro elemento importante en el ritual es la visualización de la luz interior. Durante el proceso de purificación, el practicante cierra los ojos e imagina una luz que emana desde el centro de su ser, una chispa que representa la esencia divina que reside en él. Esta luz se percibe como una energía pura, una manifestación del Pleroma en el interior del alma. Al concentrarse en esta luz, el buscador siente cómo esta va creciendo y purificando cada rincón de su conciencia, disolviendo las sombras y disipando cualquier influencia negativa. Esta visualización fortalece la conexión con el Dios Supremo y ayuda a recordar que, más allá de las ilusiones de la materia, el alma es un fragmento de la luz divina.

En muchas tradiciones gnósticas, el agua es utilizada como símbolo de purificación, tanto en un sentido literal como espiritual. El agua representa la limpieza de las impurezas del mundo material, un elemento que simboliza el desapego y la renovación. En ciertos rituales gnósticos, el practicante puede mojarse las manos o el rostro, o incluso sumergirse en un baño, visualizando que el agua limpia cualquier energía o pensamiento que lo retenga en el mundo físico. Esta práctica no es solo un acto externo, sino una intención profunda de purificar tanto el cuerpo como el espíritu, permitiendo que el alma se libere de las cargas que ha acumulado en su experiencia terrenal.

El ritual de purificación también implica la práctica del perdón y la liberación emocional. A menudo, el alma se encuentra atrapada en resentimientos, enojos y miedos que la retienen en un estado de confusión y desconexión espiritual. El perdón, en este contexto, no es un acto de reconciliación externa, sino una forma de liberar al alma de las cargas emocionales que la atan al pasado y a las heridas del mundo físico. Durante el ritual, el practicante puede dedicar un momento a perdonarse a sí mismo y a otros, soltando cualquier emoción negativa y permitiendo que la paz y la compasión llenen su corazón. Este acto de perdón es una liberación interna que despeja el camino hacia la gnosis y prepara al alma para el retorno al Pleroma.

Un aspecto importante en este ritual es la invocación de la presencia divina. Al purificarse, el practicante establece una intención clara de conectar con el Dios Supremo, con la esencia que trasciende el mundo material y que representa la verdad última. Esta invocación no es una súplica ni una oración en el sentido convencional, sino un llamado a la esencia divina que reside en el interior de cada ser. En silencio y con reverencia, el gnóstico invita a la luz del Pleroma a inundar su conciencia, creando un espacio sagrado donde la separación entre el individuo y el cosmos se disuelve. Este momento de unión es un anticipo de la liberación final, una experiencia de paz y plenitud que trasciende el tiempo y el espacio.

El ritual de purificación culmina con un momento de quietud y de gratitud. En este estado de serenidad, el practicante agradece la oportunidad de recordar su esencia divina y de conectarse con el Pleroma. Esta gratitud no es solo una emoción, sino un reconocimiento de la verdadera naturaleza del ser, un acto de entrega y de humildad que cierra el ritual y sella el proceso de purificación. La gratitud, en este contexto, es una forma de reconocer la luz en el interior y de aceptar el camino hacia el autoconocimiento y la liberación.

Este ritual de purificación espiritual, al liberar al alma de las influencias del Demiurgo y de los apegos del mundo material, es un paso esencial en el camino gnóstico. A través de la limpieza de la mente, la visualización de la luz, el perdón y la conexión con la esencia divina, el practicante puede prepararse para recibir la gnosis y para emprender su viaje de retorno al Pleroma. La purificación es, en última instancia, un acto de liberación que permite al alma recordar su origen y abrirse a la paz que solo se encuentra en el reino del Dios Supremo.

En conclusión, el ritual de purificación espiritual es una práctica sagrada en el gnosticismo, un proceso que permite al buscador limpiar su conciencia de las impurezas del mundo material y abrirse a la verdad interior. A través de esta purificación, el alma se libera de las influencias del Demiurgo y se prepara para recibir la luz de la gnosis, el conocimiento profundo que la guía de regreso al Pleroma. Este ritual, lejos de ser una simple práctica externa, es una transformación profunda del ser, una manera de recordar y celebrar la conexión eterna con el Dios Supremo y de emprender el camino hacia la plenitud y la paz eternas.

Capítulo 24
El Poder de la Intención

En el camino gnóstico, la intención es un principio esencial que guía el despertar del alma y su regreso al Pleroma, la plenitud divina. En el Evangelio de Judas y en las enseñanzas gnósticas, la intención es vista no solo como un deseo superficial o una voluntad momentánea, sino como una fuerza espiritual que determina el curso de la vida interior y del proceso de autodescubrimiento. La intención es el motor que impulsa al practicante hacia el conocimiento verdadero, o gnosis, permitiéndole trascender las limitaciones impuestas por el Demiurgo y las ilusiones del mundo material.

Para los gnósticos, la intención no se reduce a una simple decisión de la mente consciente; es un impulso profundo del alma que surge del recuerdo de su origen divino. Esta intención de trascender las apariencias y de alcanzar la verdad es la chispa inicial que enciende el proceso de liberación. En un mundo donde las distracciones del Demiurgo están diseñadas para mantener al ser humano enfocado en lo externo y lo efímero, una intención clara y pura actúa como una brújula que dirige al practicante hacia su propósito espiritual. La intención, por tanto, es una fuerza que no solo impulsa el despertar, sino que lo sostiene a lo largo del viaje, dándole dirección y propósito.

La intención, en el contexto gnóstico, es más que una meta o un objetivo; es una alineación del ser con su esencia espiritual. Cuando un individuo establece una intención genuina de conocer la verdad y de liberarse de las ilusiones del mundo material, está alineando su voluntad con la del Dios Supremo. Esta alineación permite al alma abrirse a la gnosis y recibir la sabiduría necesaria para superar los desafíos del camino. En el Evangelio de Judas, Jesús enseña que aquellos que establecen una intención clara de buscar el conocimiento son los que están verdaderamente preparados para recibir las revelaciones ocultas, pues su deseo va más allá de los intereses mundanos y se orienta hacia el despertar espiritual.

La intención también tiene el poder de moldear la experiencia espiritual. La realidad que experimentamos está, en gran medida, determinada por las intenciones que llevamos en nuestro corazón. En el gnosticismo, esta idea se manifiesta en la creencia de que la intención pura puede crear un cambio en la percepción y abrir las puertas a la verdad interior. Si un individuo se aproxima al conocimiento con un deseo sincero de autodescubrimiento y liberación, su intención actúa como una llave que desbloquea las barreras de la mente y lo conecta con el Pleroma. En cambio, si su intención está teñida de egoísmo o de deseos superficiales, las puertas de la gnosis permanecen cerradas, y el alma continúa atrapada en las ilusiones del mundo material.

La intención tiene también el poder de transformar la relación del practicante con el sufrimiento y las pruebas que enfrenta en su camino espiritual. Al establecer una intención clara de liberación y conocimiento, el buscador es capaz de ver el sufrimiento no como un castigo o una prueba impuesta, sino como una oportunidad para fortalecer su conexión con el propósito espiritual. La intención convierte cada obstáculo en un peldaño hacia el autoconocimiento, pues le permite al practicante recordar que su verdadera misión no es evitar el dolor, sino trascenderlo. Con esta intención en mente, el alma puede experimentar el sufrimiento como un proceso de purificación, un despojo de las ilusiones que la atan al mundo material.

En la práctica de la meditación y otros rituales gnósticos, la intención es fundamental para crear un estado de receptividad y apertura espiritual. Antes de comenzar una meditación, el practicante establece su intención de conectar con la luz interior, de purificar su mente y de acercarse al conocimiento verdadero.

Esta intención actúa como una energía sutil que dirige el enfoque de la mente y prepara al alma para recibir la experiencia de la gnosis. En el silencio de la meditación, la intención es como una llama que arde en el centro de la conciencia, un recordatorio de que cada momento de quietud es una oportunidad para ahondar en el propio ser y para recordar el origen divino del alma.

El poder de la intención también se manifiesta en la capacidad del practicante para crear cambios en su vida interior y en su percepción del mundo. La intención clara y constante permite al alma desvincularse de los deseos y apegos que el Demiurgo utiliza para mantenerla prisionera. Al establecer una intención firme de liberación, el gnóstico empieza a cambiar su forma de ver la realidad y a actuar de acuerdo con sus valores espirituales. Este cambio de percepción transforma su relación con el mundo físico, pues le permite ver más allá de las apariencias y experimentar un desapego que fortalece su conexión con el Pleroma.

El Evangelio de Judas sugiere que la intención de buscar el conocimiento no solo libera al alma, sino que también la protege de las influencias negativas de los arcontes. Estos seres, que trabajan al servicio del Demiurgo, intentan constantemente distraer al practicante y desviarlo de su camino hacia la liberación. Sin embargo, una intención fuerte y pura actúa como un escudo que mantiene la mente enfocada en su propósito y la protege de las tentaciones y los engaños. En este sentido, la intención es tanto una fuerza de dirección como de protección, una barrera que ayuda al gnóstico a permanecer en su camino incluso ante las adversidades.

La intención también influye en el poder de la visualización y de los símbolos sagrados en la práctica gnóstica. Al visualizar la luz interior, el practicante establece una intención de recordar su conexión con el Pleroma y de liberar su conciencia de las ilusiones de la materia. Este acto de visualización, acompañado de una intención clara, crea una resonancia que conecta al practicante con su esencia divina y le permite experimentar la paz y la plenitud de su verdadero ser. La intención, al guiar la visualización, transforma la práctica en un acto de creación espiritual, una experiencia en la que el alma recuerda su origen en el reino de la luz.

Finalmente, el poder de la intención se manifiesta en el acto de entrega. La intención, cuando es genuina y pura, lleva al practicante a soltar el control y a confiar en el proceso de despertar espiritual. Esta entrega no es una resignación pasiva, sino una aceptación activa de que el alma está en un proceso de retorno al Dios Supremo. Al establecer una intención de entrega, el gnóstico permite que la luz del Pleroma guíe su camino, reconociendo que su propia voluntad está alineada con la voluntad divina. Este acto de entrega fortalece la conexión con el Pleroma y permite al alma experimentar una paz que no depende de lo externo, sino de su unión con la verdad.

En conclusión, el poder de la intención en el gnosticismo es una fuerza transformadora que dirige al alma hacia el conocimiento verdadero y la liberación. A través de una intención clara y pura, el practicante se alinea con su esencia divina, fortalece su voluntad de liberarse de las ilusiones del Demiurgo y abre las puertas a la gnosis. La intención, en este contexto, es una llama interna que ilumina el camino, una brújula que guía al alma hacia el Pleroma y una protección que la mantiene firme en su búsqueda. Al recordar y cultivar esta intención, el gnóstico puede transformar cada experiencia en una oportunidad de despertar y de recordar su conexión con el Dios Supremo.

Capítulo 25
Ejercicios de Concentración

En el camino gnóstico, la concentración es una práctica esencial para alcanzar la claridad y la quietud interior necesarias para el despertar espiritual. En el Evangelio de Judas y en las enseñanzas gnósticas, la capacidad de concentrarse es vista como un medio para disciplinar la mente, apartándola de las distracciones y de los deseos del mundo material, que refuerzan las ilusiones del Demiurgo. La concentración permite al practicante cultivar una atención plena y sostenida, dirigiendo su energía hacia la introspección y el autoconocimiento, en lugar de dispersarla en las influencias externas que mantienen al alma atrapada en el ciclo de ignorancia.

Para los gnósticos, la concentración es un paso fundamental en el proceso de despertar. En un mundo lleno de distracciones, impulsos y deseos que están diseñados para reforzar la identidad con el ego y el cuerpo físico, la concentración actúa como un medio de retorno a uno mismo. Esta habilidad permite al buscador enfocar su atención en la chispa divina que reside en su interior, apartándose del ruido y las ilusiones que el Demiurgo utiliza para mantener la conciencia cautiva. Al desarrollar la concentración, el gnóstico aprende a ver más allá de las apariencias y a profundizar en su propio ser, acercándose a la gnosis, el conocimiento verdadero que lo guía hacia el Pleroma.

Uno de los ejercicios básicos de concentración en la práctica gnóstica es la observación de la respiración. Este ejercicio, aparentemente simple, tiene un poder transformador, pues ayuda a aquietar la mente y a anclar la atención en el momento presente. Al observar la respiración, el practicante se da cuenta de que no necesita forzar ni controlar, sino simplemente ser consciente del flujo natural del aire que entra y sale de su cuerpo. Esta práctica, además de calmar los pensamientos, le permite sentir una conexión con la energía vital que lo sustenta y a percibir el ritmo de la vida que fluye a través de él. En esta calma, el alma comienza a experimentar una paz que trasciende las agitaciones de la mente.

Otra práctica poderosa de concentración en el camino gnóstico es la visualización de la luz interior. En este ejercicio, el practicante se sienta en silencio y dirige su atención hacia el centro de su ser, imaginando una luz que brilla intensamente en su interior, un reflejo de la chispa divina que conecta al alma con el Pleroma. Esta luz, al concentrarse en ella, se percibe cada vez más intensa y vibrante, llenando el ser con una sensación de paz y claridad. La visualización de la luz interior no es solo un ejercicio mental, sino una forma de recordar y experimentar la conexión con la divinidad, de centrarse en la esencia espiritual y de desapegarse de las distracciones del mundo material.

El uso de un punto de enfoque también es común en los ejercicios de concentración gnóstica. Este punto de enfoque puede ser un objeto físico, como una vela, o un símbolo sagrado, como un círculo o una cruz gnóstica. Al fijar la mirada en este punto, el practicante aprende a mantener su atención en un solo lugar, observando cómo los pensamientos y distracciones intentan desviar su concentración. Con paciencia y persistencia, el gnóstico se entrena para regresar siempre su atención al punto de enfoque, fortaleciendo su capacidad de concentración y disciplina mental. Este ejercicio, aparentemente sencillo, desarrolla una fuerza interior que permite al buscador resistir las tentaciones y confusiones que los arcontes utilizan para desviar a las almas de su camino espiritual.

La repetición de una palabra o frase sagrada, conocida en algunas tradiciones como mantra, es otro ejercicio utilizado en el gnosticismo para cultivar la concentración. Esta palabra o frase suele ser un símbolo o un concepto que representa la verdad y el conocimiento espiritual. Al repetir el mantra en silencio, el practicante sincroniza su mente con su significado profundo, permitiendo que esta vibración interna limpie la mente de pensamientos innecesarios y refuerce su conexión con el Pleroma. Este ejercicio de repetición tiene el poder de llevar al practicante a un estado de concentración profunda, donde la mente se libera de las distracciones y se sumerge en un espacio de paz y serenidad.

La práctica de la concentración no es un fin en sí misma, sino una preparación para la meditación profunda y para la recepción de la gnosis. A medida que el practicante desarrolla la habilidad de concentrarse, su mente se vuelve más receptiva y capaz de sostener la atención en el conocimiento verdadero. Esta habilidad permite que el gnóstico se sumerja en estados de introspección profunda, en los cuales puede experimentar vislumbres de la realidad espiritual que trasciende el mundo material. La concentración, al purificar la mente y aquietar las distracciones, abre un espacio donde la verdad puede revelarse, un espacio en el que el alma puede experimentar su conexión con el Pleroma.

En el contexto del gnosticismo, la concentración es también una forma de resistencia ante las influencias del Demiurgo y sus arcontes. Estos seres, en su intento de mantener a las almas atrapadas en la ignorancia, crean distracciones y deseos que desvían al ser humano de su propósito espiritual. La práctica de la concentración permite al gnóstico reconocer estas influencias y resistirlas, manteniendo su enfoque en el camino de autoconocimiento y liberación. A través de esta práctica, el alma desarrolla una claridad que le permite discernir entre las ilusiones del mundo material y la verdad del Pleroma, entre los deseos superficiales y la paz profunda que solo se encuentra en la conexión con la divinidad.

La concentración también ayuda al gnóstico a desarrollar una autodisciplina que es esencial para el camino espiritual. Al practicar la concentración, el practicante aprende a controlar sus pensamientos y emociones, a no dejarse arrastrar por las reacciones automáticas ni por los impulsos del ego. Esta autodisciplina es una herramienta valiosa, pues permite al buscador mantenerse centrado en su intención de despertar y recordar su verdadero origen. La disciplina de la concentración fortalece la voluntad y prepara al alma para enfrentar las pruebas y desafíos que encontrará en su proceso de despertar espiritual.

Finalmente, la práctica de la concentración permite al gnóstico experimentar un estado de presencia, una sensación de estar plenamente en el momento presente, libre de las ataduras del pasado y de las preocupaciones por el futuro. Este estado de presencia es una experiencia de libertad, pues permite al practicante soltar las cargas y condicionamientos que lo mantienen en el ciclo de ignorancia y sufrimiento. Al estar presente en el aquí y el ahora, el alma puede recordar su verdadera naturaleza y experimentar una paz que no depende de las circunstancias externas, sino de la conexión con el Pleroma.

En conclusión, los ejercicios de concentración en el gnosticismo son herramientas esenciales para cultivar la claridad y la quietud interior necesarias para el despertar espiritual. A través de la observación de la respiración, la visualización de la luz interior, el uso de un punto de enfoque, la repetición de mantras y el desarrollo de la autodisciplina, el gnóstico aprende a apartarse de las ilusiones del Demiurgo y a centrar su atención en la verdad. La concentración, lejos de ser solo una habilidad mental, es un camino hacia la paz y el autoconocimiento, un medio para recordar la conexión con el Dios Supremo y prepararse para recibir la gnosis, el conocimiento que guía al alma de regreso al Pleroma, el reino de la plenitud y la luz.

Capítulo 26
La Conexión con el Dios Supremo

En el gnosticismo, la conexión con el Dios Supremo no es simplemente un acto de fe o adoración, sino una experiencia directa y transformadora que va más allá de los límites de la mente y de los sentidos físicos. El Evangelio de Judas y otras tradiciones gnósticas presentan al Dios Supremo como una entidad infinitamente superior al Demiurgo y a sus arcontes, un ser eterno y puro que reside en el Pleroma, el reino de la plenitud. Esta conexión con el Dios Supremo es el objetivo final del camino gnóstico, el retorno a la fuente de toda existencia y el recordatorio de la verdadera esencia del alma, que es divina y eterna.

El Dios Supremo, a diferencia del Demiurgo, no tiene forma física ni se involucra directamente en los asuntos materiales. Es un ser que trasciende las limitaciones de tiempo, espacio y materia. Este Dios Supremo no crea el mundo físico en el sentido convencional, pues su naturaleza es completamente espiritual y pura, y su creación es de esencia luminosa, no física. El mundo material, en cambio, es la obra del Demiurgo, quien, al ser imperfecto, da origen a una realidad incompleta y llena de sufrimiento. Para los gnósticos, el propósito de la vida espiritual no es adorar al creador del mundo material, sino recordar y conectarse con el Dios Supremo, el origen de toda luz y verdad.

Para el gnóstico, conectar con el Dios Supremo implica un proceso de purificación y de desapego de las ilusiones del mundo material. Esta conexión no puede ser lograda mediante ceremonias o rituales externos; requiere una transformación interna, una apertura de la conciencia que permita al alma recordar su origen divino. La práctica de la meditación, la introspección y el autoconocimiento son pasos fundamentales en este proceso, pues ayudan al practicante a silenciar la mente y a liberarse de los deseos y apegos que refuerzan la identidad con el cuerpo y con el ego. Solo en este estado de claridad y pureza puede el alma experimentar la presencia del Dios Supremo y reconocer su unidad con el Pleroma.

El silencio interior es uno de los elementos clave para establecer esta conexión. A través del silencio, el practicante puede trascender el ruido constante de los pensamientos y emociones que lo atan al mundo material. En este estado de quietud, el alma experimenta una paz que es distinta de cualquier sensación física o emocional; es una paz que surge de la consciencia de su conexión con el Dios Supremo. Este silencio permite que la voz de la esencia divina se manifieste en el interior, ofreciendo guía, claridad y consuelo en el camino de regreso al Pleroma. En este silencio, el gnóstico experimenta un estado de comunión que trasciende las palabras y las imágenes, un espacio de unidad que revela la verdadera naturaleza del ser.

La oración, en el contexto gnóstico, no es un acto de súplica o de dependencia, sino una forma de recordar y reforzar la conexión con el Dios Supremo. Esta oración es una contemplación serena, un estado de apertura en el cual el alma se dirige hacia su origen y se conecta con la luz infinita. La oración gnóstica es un momento de introspección profunda en el que el practicante eleva su conciencia más allá de las preocupaciones y deseos mundanos, permitiendo que la luz del Pleroma ilumine su ser. Este tipo de oración no busca cambiar el mundo exterior ni pedir favores, sino experimentar la paz y la plenitud que solo se encuentran en la conexión con el Dios Supremo.

La visualización de la luz interior es otro medio por el cual el gnóstico fortalece su conexión con el Dios Supremo. Esta luz es un símbolo de la chispa divina que reside en el alma y que proviene del Pleroma. Al concentrarse en esta luz y visualizarla expandiéndose, el practicante recuerda su naturaleza divina y siente cómo esta luz lo conecta con el origen supremo de toda existencia. Esta visualización no es una simple técnica, sino un acto de reconocimiento y de regreso a la esencia, una forma de liberar el alma de las sombras del mundo material y permitirle experimentar la claridad de la luz divina.

El desapego es también fundamental para conectar con el Dios Supremo, ya que las ataduras al mundo material impiden que el alma experimente su verdadera esencia. El Demiurgo y sus arcontes mantienen a las almas prisioneras mediante deseos, apegos y miedos que las atan al cuerpo y a las ilusiones de la materia. Al practicar el desapego, el gnóstico se libera de estas influencias y se prepara para recibir la luz del Pleroma. Este desapego no implica una renuncia a la vida, sino una forma de vivir sin identificar el ser con lo efímero y lo pasajero, recordando que la verdadera naturaleza del alma es eterna y pertenece al reino divino.

La intención y la disciplina son necesarias en este camino de conexión con el Dios Supremo. La intención clara de buscar la verdad y de recordar el origen divino es una fuerza que impulsa al practicante a superar los obstáculos y las distracciones del mundo material. La disciplina, por su parte, fortalece la mente y el espíritu, permitiéndole mantener su enfoque en el camino espiritual. A través de esta intención y disciplina, el gnóstico cultiva una voluntad que lo guía hacia el Pleroma, ayudándole a resistir las tentaciones y a permanecer centrado en su propósito de liberación.

El Evangelio de Judas sugiere que la verdadera conexión con el Dios Supremo no es algo que se pueda obtener mediante conocimiento externo o enseñanzas, sino que debe ser experimentada de manera directa en el interior del alma. Este conocimiento interior, o gnosis, es una revelación que solo puede ser alcanzada por aquellos que han trascendido las ilusiones del Demiurgo y han purificado su mente y su corazón. La conexión con el Dios Supremo no es un logro que el ser humano puede forzar; es un estado de receptividad y apertura que permite que la verdad y la paz del Pleroma se revelen en el alma.

La práctica de la humildad es también esencial en el camino de conexión con el Dios Supremo. En lugar de buscar la exaltación del ego o el poder sobre los demás, el gnóstico cultiva una actitud de humildad y reverencia hacia la creación divina. Esta humildad permite al alma abrirse a la presencia del Dios Supremo sin pretensiones ni expectativas, dispuesta a recibir la luz en su forma más pura. La humildad es una disposición que disuelve las barreras del ego y permite que el ser se unifique con el todo, experimentando la paz y la plenitud que solo se encuentran en el Pleroma.

La conexión con el Dios Supremo es, en última instancia, el destino final de toda alma que busca la liberación. Al experimentar esta conexión, el gnóstico siente una paz que va más allá de cualquier sensación física, una paz que emana de la consciencia de su origen y de su pertenencia al Pleroma. Este estado de unión es el cumplimiento de la búsqueda espiritual, el momento en que el alma recuerda su verdadera naturaleza y se libera de las ataduras del mundo material. La conexión con el Dios Supremo es una experiencia de amor y de plenitud que disuelve todas las divisiones y permite al alma retornar a su hogar eterno.

En conclusión, la conexión con el Dios Supremo en el gnosticismo es una experiencia de unidad y paz que se alcanza mediante el silencio interior, la oración, la visualización de la luz y el desapego. A través de estas prácticas, el gnóstico purifica su mente y su corazón, recordando su verdadero origen y alineándose con el Pleroma. Este camino de conexión no es una búsqueda de poder o de reconocimiento, sino un retorno humilde y amoroso a la fuente de toda existencia. La conexión con el Dios Supremo es el propósito final del alma, el recordatorio de que, más allá de las sombras del Demiurgo, existe una luz infinita que nos llama de regreso a nuestro verdadero hogar en el Pleroma.

Capítulo 27
Símbolos Gnósticos

En la tradición gnóstica, los símbolos son herramientas poderosas para la comprensión espiritual y el acceso a la gnosis. Más que simples figuras o representaciones gráficas, los símbolos en el Evangelio de Judas y otros textos gnósticos son portales hacia realidades ocultas, mensajes cifrados que comunican verdades profundas sobre el alma, el universo y el camino hacia el Pleroma. Estos símbolos no son interpretados de manera superficial, sino que son comprendidos a través de la gnosis, el conocimiento directo e intuitivo que permite ver más allá de las apariencias. En el contexto gnóstico, los símbolos se vuelven espejos que reflejan la esencia divina y actúan como guías en el proceso de liberación y autoconocimiento.

Uno de los símbolos más destacados en el gnosticismo es la luz. La luz representa el conocimiento puro, la sabiduría divina y la presencia del Dios Supremo, en contraste con la oscuridad del mundo material, creado por el Demiurgo. La luz es símbolo del Pleroma, el reino de la plenitud y la perfección espiritual. En el Evangelio de Judas, esta luz se describe como la esencia primordial de la cual provienen las almas y a la que desean regresar. La luz también simboliza la chispa divina en el interior del ser humano, una partícula de la divinidad que resuena con el conocimiento del Dios Supremo y que anhela reconectar con su origen. Para el gnóstico, percibir la luz en la meditación o en el silencio profundo es experimentar una cercanía con el Pleroma y con la verdad absoluta.

La serpiente es otro símbolo relevante y complejo en el gnosticismo. A diferencia de la interpretación negativa que se le da en la teología tradicional, la serpiente en la visión gnóstica es vista como una figura de sabiduría y revelación, un símbolo del conocimiento secreto que permite al ser humano despertar y liberarse de la ignorancia. La serpiente representa la capacidad de ver a través de las ilusiones del Demiurgo y de acceder al conocimiento oculto que yace en el interior. En el Evangelio de Judas y otros textos gnósticos, la serpiente puede ser vista como una guía que conduce al alma hacia la verdad, desafiando las interpretaciones convencionales y revelando la importancia de mirar más allá de las apariencias.

Otro símbolo poderoso es el Pleroma, un concepto que representa el reino de la plenitud y la unidad divina. A diferencia del mundo material, que es imperfecto y limitado, el Pleroma es un reino de luz y paz donde las almas experimentan la unidad con el Dios Supremo. Este símbolo no solo representa un lugar, sino también un estado de conciencia en el cual el ser experimenta su conexión profunda e indivisible con la totalidad. El Pleroma simboliza el objetivo final del viaje espiritual, el punto de retorno al que aspiran todas las almas y el estado de liberación que trasciende el tiempo, el espacio y las dualidades de la existencia material.

El Demiurgo es otro símbolo central en el gnosticismo, pero representa el aspecto opuesto al Pleroma. Este ser es el creador del mundo material, un arquitecto imperfecto que genera una realidad de sufrimiento e ilusión. En el gnosticismo, el Demiurgo no es visto como el Dios Supremo, sino como un ser limitado y corrupto que mantiene a las almas atrapadas en la ignorancia. Su figura simboliza las fuerzas que esclavizan al ser humano a los deseos y limitaciones de la carne, haciendo que el alma olvide su origen divino. El Demiurgo es un símbolo del ego, de las ilusiones que cubren la verdad y de las influencias que el gnóstico debe superar para alcanzar la gnosis.

Los arcontes son símbolos de las fuerzas que sostienen el dominio del Demiurgo sobre el mundo material. Estos seres actúan como guardianes de las esferas materiales y tienen la función de mantener a las almas en el ciclo de ignorancia y reencarnación. Los arcontes representan los impulsos, temores y deseos que atan al ser humano al mundo físico, haciéndole creer que su identidad se encuentra en el cuerpo y en el ego. En la práctica gnóstica, los arcontes son reconocidos como fuerzas internas y externas que deben ser enfrentadas y trascendidas para que el alma pueda liberar su verdadera esencia. Al entender el simbolismo de los arcontes, el gnóstico aprende a identificar y resistir las influencias que intentan desviar su camino hacia la liberación.

El alma misma es un símbolo en la tradición gnóstica. Representa la chispa de divinidad, la parte del ser que ha sido atrapada en el mundo material y que anhela regresar al Pleroma. Esta alma no es vista simplemente como una entidad espiritual, sino como una proyección de la luz divina en el mundo físico. Su naturaleza dual, atrapada entre la materia y el espíritu, simboliza el dilema fundamental del ser humano, quien debe reconocer su verdadera naturaleza para liberarse de las ilusiones del Demiurgo. El alma es un recordatorio de la conexión intrínseca entre el individuo y el Dios Supremo, y de la aspiración de toda esencia a retornar a su origen en el Pleroma.

El círculo es otro símbolo de gran significado en el gnosticismo. Representa la totalidad, la eternidad y la perfección del Pleroma. A diferencia de las formas fragmentadas y limitadas del mundo material, el círculo no tiene inicio ni fin, simbolizando así el estado de plenitud del que proviene toda existencia y al que todo aspira a regresar. El círculo es un símbolo de unidad, un recordatorio de que el alma, al alcanzar el conocimiento verdadero, se reconecta con su origen y trasciende la fragmentación que caracteriza al mundo material.

Los números también son símbolos cargados de significado en el gnosticismo. El número tres, por ejemplo, representa la triada divina que sostiene el equilibrio en el Pleroma, mientras que el número siete simboliza las esferas materiales y la influencia de los arcontes que actúan como guardianes entre el alma y el reino divino. Los números no son interpretados solo como cantidades, sino como representaciones de leyes cósmicas y de la estructura espiritual del universo. Comprender estos números permite al gnóstico interpretar su propia vida y su conexión con el cosmos a un nivel más profundo, viendo el orden y la armonía que subyacen en la existencia.

Finalmente, el símbolo del "Yo Soy" en el gnosticismo representa la identidad verdadera del alma, que es una manifestación del Dios Supremo. Este símbolo recuerda al practicante que su verdadera esencia no está en su nombre, ni en sus experiencias ni en su cuerpo, sino en su conexión eterna con el Pleroma. "Yo Soy" simboliza el despertar de la conciencia, el momento en que el alma se reconoce a sí misma como un fragmento de la divinidad y toma la decisión de regresar a su origen. Al meditar sobre este símbolo, el gnóstico afirma su verdadera identidad y se separa de las ilusiones que lo han mantenido atrapado en el ciclo material.

Los símbolos gnósticos son mucho más que imágenes o conceptos; son llaves que abren puertas hacia el conocimiento profundo y hacia la realidad espiritual. Cada símbolo, desde la luz hasta el "Yo Soy", representa un aspecto del proceso de liberación y un recordatorio del verdadero propósito del alma. Comprender estos símbolos permite al gnóstico desarrollar una intuición que lo guía en el camino hacia el Pleroma, viendo a través de las apariencias y conectando con el propósito divino que lo llama a recordar su origen.

En conclusión, los símbolos gnósticos en el Evangelio de Judas y en la tradición gnóstica en general son portales hacia el conocimiento verdadero y herramientas para la liberación espiritual. Estos símbolos —la luz, la serpiente, el Pleroma, el Demiurgo, los arcontes, el alma, el círculo, los números y el "Yo Soy"— son elementos que guían al practicante en su búsqueda de autoconocimiento y de conexión con el Dios Supremo. Al comprender y meditar sobre estos símbolos, el gnóstico puede experimentar una conexión profunda con la realidad espiritual, liberarse de las ilusiones del Demiurgo y recordar que su verdadero destino es retornar al reino eterno del Pleroma.

Capítulo 28
El Significado de "Yo Soy"

En el gnosticismo, la afirmación de "Yo Soy" representa una comprensión profunda de la verdadera identidad del ser, que trasciende el ego, el cuerpo y todas las limitaciones del mundo material. En el contexto del Evangelio de Judas y otras enseñanzas gnósticas, "Yo Soy" no es una expresión del ego, sino una declaración de la esencia divina que existe en el interior de cada individuo, una chispa que proviene del Pleroma y que conecta al alma con el Dios Supremo. Este conocimiento de "Yo Soy" es el núcleo de la gnosis, una realización que revela al individuo su naturaleza inmortal y su origen en la luz divina.

A diferencia de la identidad superficial del "yo" que está basada en el nombre, las experiencias, y los atributos del cuerpo físico, el "Yo Soy" gnóstico señala una conciencia que está más allá de todas esas capas externas. Este "Yo Soy" es la presencia de lo eterno, un reflejo de la pureza y perfección del Pleroma. Para el gnóstico, comprender y afirmar el "Yo Soy" es despertar a una realidad interior en la que la dualidad y las ilusiones del Demiurgo no tienen cabida. Es un recordatorio de que, aunque el alma esté temporalmente atrapada en el mundo material, su verdadera identidad permanece inmutable en el reino espiritual.

El "Yo Soy" en el gnosticismo no se refiere a un estado de existencia limitado por el tiempo o el espacio. Más bien, es una afirmación de la naturaleza eterna y divina que yace en el fondo de cada ser humano. Esta realización de "Yo Soy" no depende de creencias o de doctrinas externas, sino de una experiencia directa de la esencia interna, una chispa de conocimiento puro que resuena con la plenitud del Pleroma. Al decir "Yo Soy", el gnóstico no afirma su identidad humana, sino su conexión con el Dios Supremo, reconociendo que su ser verdadero no es producto del Demiurgo, sino un fragmento del reino de la luz.

En el proceso gnóstico, llegar al entendimiento del "Yo Soy" implica un acto de introspección y desapego de las falsas identidades que el mundo material impone. El Demiurgo y sus arcontes trabajan incansablemente para mantener a las almas atadas a una identidad falsa, una imagen construida en torno al cuerpo, las emociones y los pensamientos. Al afirmar "Yo Soy", el practicante rompe con esa ilusión y desmantela las capas del ego, regresando a un estado de pureza que le permite recordar su origen en el Pleroma. Este reconocimiento es el primer paso hacia la libertad, pues revela que el ser no está definido por el mundo físico, sino que es una extensión de la divinidad.

La meditación sobre el "Yo Soy" es una práctica que permite al gnóstico conectar con esta verdad de manera directa y profunda. Al enfocar la atención en este principio, el practicante se retira de las distracciones del mundo exterior y se dirige hacia el núcleo de su ser. En esta meditación, el individuo observa cómo las ideas de "quién soy" construidas por el ego se disuelven, dejando solo la presencia consciente y eterna del "Yo Soy". Este ejercicio permite experimentar el silencio interior y la paz que emanan del Pleroma, pues en el "Yo Soy" se revela una claridad que trasciende las inquietudes y fluctuaciones del ego.

El "Yo Soy" también representa el potencial de transformación en el camino espiritual. Al reconocer esta chispa divina en su interior, el gnóstico se da cuenta de que posee el poder de trascender las limitaciones de la carne y de liberar su alma de las ataduras del Demiurgo. La afirmación de "Yo Soy" es un acto de autodominio y de afirmación de la verdadera voluntad, una declaración de que el ser no pertenece al reino de la materia, sino a la realidad espiritual. Este conocimiento se convierte en una fuerza que guía al practicante en su camino de regreso al Pleroma, fortaleciéndolo contra las tentaciones y distracciones que buscan apartarlo de su propósito.

La afirmación de "Yo Soy" es también un símbolo de unidad en el gnosticismo. En un mundo lleno de dualidades —luz y oscuridad, espíritu y materia, bien y mal— el "Yo Soy" es una expresión de la esencia unificada del ser. En este estado de conciencia, el gnóstico experimenta la paz de la unidad con el Dios Supremo, un estado en el que las divisiones se disuelven y solo permanece la plenitud. Este "Yo Soy" es el reconocimiento de que, en el nivel más profundo, no existe separación entre el alma y el Pleroma, sino una unidad esencial que sostiene toda existencia.

Además, el "Yo Soy" es una herramienta de discernimiento en el camino gnóstico. Al afirmar esta verdad, el practicante puede distinguir entre su identidad verdadera y las ilusiones creadas por el Demiurgo. Los pensamientos, las emociones y los deseos que intentan encadenarlo al mundo material pierden su poder cuando se confrontan con el conocimiento de "Yo Soy". En esta afirmación, el gnóstico encuentra una guía interior que lo ayuda a ver a través de las apariencias y a reconocer la esencia divina que reside en su interior. Este discernimiento es fundamental, pues le permite al practicante orientarse en el camino hacia la liberación, evitando los engaños y las trampas del ego.

El "Yo Soy" en el gnosticismo también es un acto de liberación de las ataduras del tiempo y del espacio. A través de esta afirmación, el alma recuerda que su verdadera naturaleza es inmortal e infinita, más allá de las limitaciones impuestas por el Demiurgo. Este reconocimiento permite al gnóstico desapegarse de las preocupaciones por el pasado y el futuro, estableciéndose en un estado de presencia pura. En el "Yo Soy", el practicante experimenta un momento eterno, un estado de consciencia que refleja la naturaleza atemporal y expansiva del Pleroma.

La afirmación de "Yo Soy" también actúa como un escudo contra las influencias de los arcontes. Estos seres, que operan bajo las órdenes del Demiurgo, intentan mantener al ser humano atrapado en el ciclo de deseo y miedo. Sin embargo, cuando el gnóstico afirma su verdadera identidad a través del "Yo Soy", los arcontes pierden su poder. Este conocimiento permite al practicante ver las influencias externas como ilusiones y le da la fortaleza para resistir las tentaciones y engaños. La conciencia de "Yo Soy" se convierte en una protección espiritual, un estado de claridad que permite al alma avanzar en su camino sin ser perturbada por las influencias del mundo material.

Finalmente, el "Yo Soy" es el puente que conecta al alma con el Dios Supremo. A través de esta afirmación, el gnóstico reconoce que su verdadera identidad no es un ente separado, sino una extensión de la divinidad. En este "Yo Soy" se disuelve el ego y se revela la conexión directa con el Pleroma. Este estado de unión permite al practicante experimentar una paz que no depende de las circunstancias externas, sino de su alineación con la esencia divina. En el "Yo Soy", el gnóstico encuentra el recordatorio de que su verdadera naturaleza es luz y que su destino es regresar al reino del Dios Supremo.

En conclusión, el "Yo Soy" en el gnosticismo es una afirmación de la verdadera identidad del ser, un recordatorio de que la esencia del alma proviene del Pleroma y no del mundo material. Esta afirmación representa la chispa divina que existe en cada individuo, una presencia eterna que trasciende las ilusiones del Demiurgo y las limitaciones del ego. A través de la meditación y el reconocimiento del "Yo Soy", el gnóstico puede experimentar la paz y la unidad del Pleroma, fortaleciendo su voluntad de regresar al reino de la luz y disolviendo las influencias que lo mantienen atrapado en la materia. El "Yo Soy" es, en última instancia, una expresión de la conexión con el Dios Supremo, una declaración de que el verdadero ser es inmortal y divino, y que su destino es regresar a la plenitud del Pleroma.

Capítulo 29
El Mito de la Caída

El mito de la caída en el gnosticismo es una narración profunda que describe la separación del alma de su origen divino en el Pleroma y su descenso al mundo material, una creación imperfecta del Demiurgo. En el Evangelio de Judas y otras escrituras gnósticas, este mito no es solo un relato histórico, sino una metáfora que expresa el estado de exilio espiritual en el que se encuentra el alma humana. La caída simboliza el proceso por el cual la chispa divina queda atrapada en un cuerpo físico y en una realidad dominada por el Demiurgo, el creador imperfecto, y sus arcontes. Este exilio en el mundo material da inicio al viaje de retorno del alma, una búsqueda de liberación que solo puede culminar en el Pleroma, el reino de la plenitud y la luz.

En el mito gnóstico, la creación del mundo físico es el resultado de un acto de ignorancia o arrogancia. Según este relato, una de las emanaciones divinas, a menudo identificada como Sofía o Sabiduría, experimenta un deseo de crear por sí misma sin la autorización del Dios Supremo. Este acto de creación desvía la armonía del Pleroma, y el Demiurgo surge como el resultado de esta desviación, dando lugar a un mundo imperfecto. Este Demiurgo, sin reconocer su propia naturaleza limitada, actúa como un dios celoso y autoritario, moldeando el universo material y encerrando las almas en cuerpos físicos. El Demiurgo cree que es el único dios, pero su obra es una prisión para las chispas divinas que quedan atrapadas en la carne y en las limitaciones de la materia.

El mito de la caída no representa un pecado o una condena, sino un error que desajusta el orden divino, causando que las almas queden atrapadas en una realidad de separación y olvido. Esta prisión, hecha de tiempo, espacio y materia, impone sobre el alma una serie de limitaciones que la alejan de su naturaleza esencial. En este estado de caída, el alma olvida su verdadera identidad y su origen en el Pleroma, sumergiéndose en una existencia marcada por el sufrimiento, el deseo y la ignorancia. La realidad material se convierte así en una especie de velo que oculta la verdadera esencia del ser, manteniéndolo en un ciclo de nacimiento y muerte, en un estado de esclavitud bajo las leyes impuestas por el Demiurgo y sus arcontes.

Sin embargo, en la perspectiva gnóstica, la caída también contiene la semilla de la redención. A pesar de estar atrapada en el mundo material, la chispa divina en el interior del alma conserva un recuerdo, un anhelo de regresar a su fuente. Este anhelo es la voz de la esencia eterna que llama al alma a buscar la verdad y a recordar su origen en el Pleroma. Aunque el Demiurgo y sus arcontes intentan mantener a las almas en el olvido y la ignorancia, el gnosticismo enseña que el alma puede despertar mediante la gnosis, el conocimiento directo de su naturaleza divina. Este despertar es el comienzo del proceso de ascensión, el regreso al Pleroma que el alma debe emprender para liberarse del ciclo de la existencia material.

El mito de la caída también describe la realidad de la dualidad en la que el ser humano se encuentra atrapado. La vida en el mundo material está marcada por el conflicto entre el cuerpo y el espíritu, entre el deseo y el desapego, entre la ignorancia y el conocimiento. Esta dualidad es el resultado de la separación del alma de su origen divino, y es la causa de su sufrimiento. En el gnosticismo, la caída no es solo un evento que ocurrió en un tiempo pasado, sino una condición que el alma experimenta en cada momento de su existencia. Cada acto de deseo, cada identificación con el cuerpo y el ego, es una recreación de la caída, una reafirmación del exilio de la esencia divina en el mundo material.

El despertar de la gnosis es el proceso que permite al alma superar esta condición de caída. En el Evangelio de Judas, Jesús enseña que el conocimiento verdadero es el camino hacia la liberación, el medio por el cual el alma puede ver a través de las ilusiones del Demiurgo y recordar su conexión con el Dios Supremo. Este conocimiento no es intelectual ni doctrinal, sino una experiencia directa de la propia divinidad. A medida que el alma despierta a la gnosis, comienza a deshacerse de las ilusiones y de los deseos que la atan al mundo material, experimentando un proceso de purificación y ascensión hacia su origen.

La caída también simboliza el olvido de la verdadera identidad. En el mundo material, el alma tiende a identificarse con el cuerpo, con los pensamientos y emociones, olvidando su naturaleza inmortal y divina. Esta identificación con la carne y con las experiencias pasajeras es una de las principales ilusiones que el Demiurgo utiliza para mantener a las almas prisioneras. En este sentido, el mito de la caída es también un recordatorio de que el ser humano no es el cuerpo ni la mente, sino un fragmento de la divinidad que ha sido temporalmente atrapado en la materia. Este recuerdo es el primer paso hacia la liberación, pues permite al alma desidentificarse de las ilusiones y comenzar el proceso de retorno al Pleroma.

El mito de la caída también plantea una reflexión sobre el sufrimiento. En la cosmovisión gnóstica, el sufrimiento no es un castigo divino ni una prueba, sino una consecuencia de estar atrapados en una creación imperfecta. Este sufrimiento, sin embargo, no es en vano; es una señal de que el mundo material no es el hogar del alma, una advertencia de que su verdadera esencia pertenece al reino de la luz. En este sentido, el sufrimiento actúa como un recordatorio constante de la necesidad de buscar la liberación. Al experimentar el dolor y la imperfección del mundo material, el alma se motiva a buscar la verdad y a trascender las limitaciones de la carne.

El proceso de redención en el gnosticismo se expresa como un retorno consciente al Pleroma. A medida que el alma despierta a la gnosis, comienza a comprender que su verdadera esencia nunca ha dejado de pertenecer al Dios Supremo, y que el mundo material es solo una ilusión pasajera. Este despertar es un acto de memoria, un recuerdo de la unidad perdida que lleva al alma a desprenderse de las ilusiones y de los apegos. En este proceso, el gnóstico no huye de la realidad material, sino que la transciende, viendo a través de sus apariencias y conectando con la verdad que yace en el interior.

El mito de la caída también sugiere que cada individuo posee la capacidad de revertir su propio exilio mediante el conocimiento. A través de la introspección y de la práctica espiritual, el gnóstico puede recordar su verdadera naturaleza y conectar con el Dios Supremo. Este recuerdo no es solo una realización intelectual, sino una experiencia transformadora que cambia su percepción y su relación con el mundo. Al recordar su origen, el alma deja de verse a sí misma como un ser aislado y atrapado, y experimenta la paz y la plenitud que provienen de la unidad con el Pleroma.

En conclusión, el mito de la caída en el gnosticismo es una narración que describe el proceso de separación del alma de su origen divino y su exilio en el mundo material, una creación imperfecta del Demiurgo. Este mito, lejos de ser una condena, es una invitación al despertar y al retorno. La caída representa el olvido de la verdadera identidad, el estado de ignorancia en el que el alma queda atrapada en el ciclo de sufrimiento y deseo. Sin embargo, el gnosticismo enseña que la chispa divina en el interior del alma conserva el recuerdo de su origen, y que a través de la gnosis, el alma puede iniciar su regreso al Pleroma. El mito de la caída es, en última instancia, una historia de esperanza y redención, un recordatorio de que la esencia verdadera del ser humano es inmortal y que su destino es retornar a la plenitud y la paz eternas del Dios Supremo.

Capítulo 30
La Naturaleza de la Realidad

En la perspectiva gnóstica, la realidad material que nos rodea es vista como una construcción ilusoria, una especie de cárcel creada por el Demiurgo para mantener al alma atrapada en un ciclo interminable de ignorancia y separación. Según el Evangelio de Judas y otras escrituras gnósticas, la verdadera realidad no es la que percibimos con nuestros sentidos, sino una dimensión espiritual más allá de la materia, el Pleroma, donde reside el Dios Supremo y donde el alma puede experimentar su naturaleza divina en su plenitud. La naturaleza de esta realidad material es, por tanto, un reflejo imperfecto y distorsionado de la verdad eterna, una sombra del Pleroma que intenta imitar la creación perfecta pero que, en su esencia, solo perpetúa el sufrimiento y la ignorancia.

El Demiurgo, en su ignorancia y orgullo, crea este mundo material creyendo que es el único dios y desconociendo la existencia del Dios Supremo y del Pleroma. Esta ignorancia se manifiesta en la imperfección del mundo material, donde las almas quedan atrapadas y limitadas por el tiempo, el espacio y la dualidad. En el gnosticismo, esta realidad material es descrita como una especie de teatro de sombras, una ilusión donde los seres humanos quedan atrapados en identidades falsas y en deseos que no satisfacen su verdadera esencia. Al vivir en este mundo ilusorio, el alma olvida su origen divino y se identifica con el cuerpo y el ego, perdiendo de vista su conexión con el Pleroma.

La percepción de la realidad en el gnosticismo está profundamente influenciada por esta idea de que la existencia material es una construcción falsa, un laberinto diseñado por el

Demiurgo para mantener al alma distraída y atada a las ilusiones. Las experiencias sensoriales, las emociones y los pensamientos actúan como capas de engaño que cubren la verdad, haciéndonos creer que somos únicamente cuerpos y mentes, entidades finitas que existen solo en el plano físico. Sin embargo, los gnósticos sostienen que la verdadera naturaleza del alma es inmortal y que, para recordar esta verdad, es necesario trascender las apariencias y ver a través del velo que el Demiurgo y sus arcontes han puesto sobre la conciencia humana.

El proceso de ver a través de la ilusión es central en el camino gnóstico. Este proceso, conocido como despertar o gnosis, implica la habilidad de discernir entre la realidad aparente y la verdad oculta que yace detrás de ella. A medida que el practicante avanza en el autoconocimiento, empieza a percibir el mundo material no como un hogar permanente, sino como una prisión temporal de la que debe liberarse. En el Evangelio de Judas, Jesús revela a Judas que el mundo que conocemos es solo una capa superficial de la existencia, y que el verdadero destino del alma está en regresar al Pleroma, el reino de la luz, donde no existen las limitaciones ni las dualidades.

Para los gnósticos, uno de los mayores obstáculos para percibir la verdadera naturaleza de la realidad es la identificación con el ego. El ego, o la falsa identidad construida a partir de pensamientos, emociones y experiencias, es una herramienta que el Demiurgo utiliza para mantener a las almas en un estado de ignorancia. Este ego crea un sentido de separación y de individualidad que refuerza la idea de que el ser está solo y desconectado de la divinidad. En la práctica gnóstica, liberarse de la ilusión del ego es un paso esencial hacia la percepción de la realidad espiritual. Al dejar de identificarse con el cuerpo y el ego, el alma empieza a experimentar una conexión más profunda con el Pleroma y con la paz eterna del Dios Supremo.

La naturaleza ilusoria de la realidad también se manifiesta en el ciclo de nacimiento, muerte y reencarnación. Según la doctrina gnóstica, este ciclo es otra trampa del Demiurgo para mantener a las almas atrapadas en el mundo material. Al experimentar una serie interminable de vidas en cuerpos físicos, el alma olvida su propósito y se encuentra constantemente sujeta a los deseos y temores que refuerzan su identificación con la materia. Sin embargo, el gnosticismo enseña que, al alcanzar la gnosis, el alma puede liberarse de este ciclo y regresar al Pleroma. Esta liberación no es solo una escapatoria del sufrimiento, sino una reconexión con su verdadera esencia y su origen eterno.

El gnosticismo sostiene que para percibir la verdadera realidad, es necesario desarrollar una percepción interna, una visión espiritual que permita ver más allá de las apariencias. Esta visión no es alcanzada a través de los sentidos o del intelecto, sino mediante la introspección profunda y la meditación. En este estado de percepción elevada, el gnóstico comienza a ver el mundo material como una proyección transitoria, un reflejo distorsionado de la luz del Pleroma. Esta percepción le permite experimentar una paz que no depende de las circunstancias externas, una paz que emana del reconocimiento de su conexión con el Dios Supremo.

El concepto de realidad en el gnosticismo también incluye la idea de que el mundo material es un lugar de aprendizaje. A pesar de su naturaleza ilusoria, el mundo físico presenta al alma experiencias que pueden conducirla al autoconocimiento y al desapego. Cada desafío, cada momento de sufrimiento o pérdida, es una oportunidad para que el alma recuerde que su verdadero ser no pertenece a este mundo de sombras. Al ver la realidad material como un campo de pruebas, el gnóstico puede utilizar las experiencias de la vida para fortalecerse y recordar su esencia inmortal, en lugar de quedar atrapado en la ilusión.

Los símbolos y las prácticas espirituales son herramientas que ayudan al gnóstico a ver más allá de la ilusión del mundo material. En el Evangelio de Judas, los símbolos de la luz, el Pleroma y el "Yo Soy" actúan como recordatorios de la verdadera realidad espiritual que subyace a las apariencias. Estas prácticas permiten al alma recordar su origen divino y experimentar una conexión directa con el Pleroma, incluso mientras permanece temporalmente en el mundo físico. Al concentrarse en estos símbolos, el gnóstico entrena su mente para percibir la verdad y para desapegarse de las ilusiones.

Finalmente, el gnosticismo enseña que la verdadera realidad no está en el exterior, sino en el interior del ser. Al mirar dentro de sí mismo y conectar con la chispa divina, el gnóstico experimenta una paz y una plenitud que ninguna experiencia del mundo físico puede proporcionar. Esta conexión interna es el primer paso hacia la liberación, pues permite al alma trascender la realidad aparente y ver el mundo desde la perspectiva del Pleroma. Al comprender que la realidad material es solo un reflejo pasajero, el gnóstico se prepara para el retorno al Dios Supremo, su destino final.

En conclusión, la naturaleza de la realidad en el gnosticismo es una construcción ilusoria creada por el Demiurgo, un mundo de sombras que mantiene al alma en un estado de ignorancia y separación. Sin embargo, al alcanzar la gnosis, el alma puede ver a través de esta ilusión y recordar su verdadera esencia divina, que pertenece al Pleroma. La práctica espiritual y el autoconocimiento son los medios para trascender esta realidad ilusoria, permitiendo que el ser humano experimente la paz y la unidad del Dios Supremo. En este despertar, el alma se libera del ciclo de nacimiento y muerte y se prepara para su regreso a la plenitud, recordando que su verdadera realidad no está en el mundo físico, sino en el reino eterno del Pleroma.

Capítulo 31
Caminos hacia el Autoconocimiento

En la perspectiva gnóstica, el autoconocimiento no es un proceso de autoanálisis superficial o de acumulación de datos personales, sino una exploración profunda de la verdadera esencia espiritual, que va más allá del ego y de la identidad basada en lo material. Este viaje hacia el autoconocimiento es considerado en el gnosticismo como el primer paso indispensable en el camino hacia la gnosis, la sabiduría transformadora que libera al alma de las ataduras del Demiurgo y sus arcontes. A través del autoconocimiento, el individuo recuerda su verdadera naturaleza divina y su conexión con el Pleroma, el reino de la plenitud y la luz que constituye el origen y destino final de la chispa divina atrapada en el mundo material.

El autoconocimiento en el gnosticismo no busca describir quién es el individuo en el contexto social o físico, sino descubrir la esencia eterna que yace en el fondo de su ser. Esta esencia es una proyección del Dios Supremo, una chispa de divinidad que mantiene su pureza, aunque esté cubierta por capas de ilusión y olvido. A medida que el practicante comienza a percibir esta chispa en su interior, se da cuenta de que su verdadero ser no está definido por sus pensamientos, emociones o experiencias pasadas, sino por una conciencia pura que existe más allá de todas las identidades temporales.

Uno de los métodos clave para alcanzar este autoconocimiento es la práctica de la autoobservación. En el gnosticismo, la autoobservación no implica juzgar o analizar los pensamientos y emociones, sino observarlos con desapego, reconociendo que el verdadero ser no es lo que percibe, sino el observador detrás de esas percepciones. Al observar sin identificarse con los pensamientos y deseos que surgen, el practicante empieza a deshacerse de las ilusiones y de los condicionamientos impuestos por el Demiurgo y sus arcontes. Esta práctica es un acto de liberación en sí mismo, pues permite al alma apartarse de las distracciones del mundo material y concentrarse en la verdad interior.

La introspección es otro camino fundamental hacia el autoconocimiento. Esta práctica implica mirar hacia el interior y explorar las profundidades de la conciencia en busca de la chispa divina que conecta al alma con el Pleroma. La introspección ayuda al gnóstico a ver a través de las apariencias y a reconocer que su ser real es mucho más que su nombre, sus logros o sus posesiones. Al profundizar en esta práctica, el individuo experimenta momentos de claridad en los que percibe su conexión con el Dios Supremo y con la realidad eterna que trasciende la materia.

La meditación también juega un papel esencial en la búsqueda del autoconocimiento. A través de la meditación, el gnóstico calma la mente y crea un espacio de silencio donde puede experimentar la presencia de su verdadera esencia. En este estado de quietud, el alma puede escuchar su voz interior y conectarse con la sabiduría que reside en su interior. La meditación, en el gnosticismo, no es simplemente una técnica para reducir el estrés o relajar la mente, sino un portal hacia el autoconocimiento y la experiencia directa de la divinidad. Al practicar la meditación, el individuo experimenta momentos de paz y plenitud que le recuerdan su conexión con el Pleroma y le permiten liberar su mente de las ilusiones que lo mantienen atado al mundo físico.

El desapego es otro principio importante en el camino hacia el autoconocimiento. En el gnosticismo, el desapego no significa rechazar la vida o las experiencias, sino no identificarse con las cosas materiales ni con las emociones que el Demiurgo y sus arcontes utilizan para mantener al alma atrapada en el mundo físico. Al practicar el desapego, el gnóstico se libera de la influencia del ego y de los deseos que refuerzan la identidad con el cuerpo y con el yo superficial. Este desapego permite al practicante experimentar su verdadera esencia como algo distinto de los pensamientos y emociones pasajeras, conectándose con el aspecto eterno de su ser que proviene del Pleroma.

Otra herramienta valiosa en el camino hacia el autoconocimiento es el conocimiento de los símbolos y su interpretación interna. En el gnosticismo, los símbolos tienen un poder transformador y revelador, pues representan verdades profundas sobre la esencia del alma y su relación con el Pleroma. Al comprender estos símbolos y meditar sobre su significado, el gnóstico profundiza en su autoconocimiento y fortalece su conexión con el Dios Supremo. La luz, la serpiente, el círculo y otros símbolos gnósticos sirven como guías en el proceso de recordar el origen divino del alma y su naturaleza eterna. Estos símbolos no solo son objetos de contemplación, sino llaves que abren la puerta a la sabiduría interior.

El diálogo interno sincero es otro aspecto importante en el camino hacia el autoconocimiento gnóstico. En lugar de reprimir o evitar ciertos aspectos de sí mismo, el gnóstico se enfrenta a sus pensamientos y emociones con honestidad, reconociendo y aceptando cada parte de su ser. Este diálogo interno permite identificar las influencias del Demiurgo y de los arcontes que intentan desviar al alma de su propósito y mantenerla en la ignorancia. Al observar estas influencias sin juicio, el practicante comienza a liberar su conciencia de los condicionamientos que lo atan al mundo material y se acerca a la experiencia de su verdadera esencia.

Además, el gnosticismo enseña que la autoindagación es una herramienta poderosa para el autoconocimiento. A través de preguntas como "¿Quién soy yo realmente?" o "¿Cuál es mi verdadera naturaleza?", el practicante dirige su atención hacia la esencia de su ser. Estas preguntas no buscan respuestas en términos de experiencias pasadas o roles sociales, sino en términos de una realidad más profunda. A través de la autoindagación, el gnóstico comienza a experimentar una percepción de sí mismo que no está basada en el cuerpo o en la mente, sino en la chispa divina que emana del Pleroma y que constituye su ser más auténtico.

El autoconocimiento en el gnosticismo también incluye la comprensión de la relación entre el alma y el cuerpo. En este contexto, el cuerpo es visto como una envoltura temporal que permite al alma interactuar con el mundo físico, pero que no define su verdadera identidad. Al comprender esta relación, el gnóstico aprende a ver el cuerpo como un instrumento y a desapegarse de las limitaciones y deseos que surgen de él. Esta perspectiva permite al alma experimentar una libertad interior que no depende de las circunstancias externas, sino de su conexión con el Dios Supremo.

Finalmente, el autoconocimiento gnóstico implica un despertar espiritual en el que el alma recuerda su verdadera naturaleza y su conexión eterna con el Pleroma. Este despertar es la culminación del camino de autoconocimiento, el momento en que el gnóstico reconoce que su ser verdadero no pertenece a este mundo material, sino al reino de la luz. Al alcanzar este despertar, el practicante experimenta una paz y una plenitud que solo pueden provenir de su esencia divina, una paz que trasciende las ilusiones y le permite ver la realidad con claridad.

En conclusión, los caminos hacia el autoconocimiento en el gnosticismo son una serie de prácticas y reflexiones que permiten al alma recordar su verdadera naturaleza y su conexión con el Pleroma. A través de la autoobservación, la introspección, la meditación, el desapego, el estudio de los símbolos, el diálogo interno sincero, la autoindagación y la comprensión de la relación entre el alma y el cuerpo, el gnóstico emprende un viaje de regreso a su origen divino. Este autoconocimiento es el primer paso en el camino hacia la gnosis y la liberación, una transformación que permite al alma trascender las ilusiones del Demiurgo y experimentar la paz eterna del Dios Supremo.

Capítulo 32
Los Estados de la Conciencia

En el gnosticismo, los diferentes estados de conciencia son puertas que el alma atraviesa en su camino hacia la gnosis, el conocimiento revelador que le permite recordar su origen divino y liberarse de las ilusiones del Demiurgo. Estos estados de conciencia no se limitan a las experiencias ordinarias de vigilia y sueño, sino que abarcan también niveles profundos de percepción y comprensión espiritual que trascienden las limitaciones de la mente racional. En el contexto gnóstico, la conciencia es vista como una chispa del Dios Supremo, una parte de la divinidad que yace adormecida en el ser humano y que puede ser despertada a través de la introspección, la meditación y la práctica espiritual.

Uno de los primeros estados de conciencia reconocidos en el gnosticismo es el estado de vigilia ordinaria, en el cual el ser humano interactúa con el mundo físico, pero lo hace desde una perspectiva limitada. En este estado, la conciencia está dominada por el ego y las distracciones del mundo material, las cuales son constantemente reforzadas por el Demiurgo y sus arcontes. Esta vigilia ordinaria está marcada por el enfoque en los deseos y necesidades del cuerpo, las preocupaciones cotidianas y la identidad superficial del yo. El estado de vigilia comúnmente impide al alma percibir su verdadera esencia, manteniéndola atrapada en las ilusiones del mundo físico y en la creencia de que la realidad material es la única que existe.

El sueño sin conciencia, o sueño profundo, es otro estado en el que la mente y el cuerpo descansan, pero la conciencia permanece inactiva y sin dirección. Durante el sueño profundo, el ser humano se desconecta temporalmente de las preocupaciones y deseos del estado de vigilia, pero no alcanza ninguna comprensión espiritual. En el gnosticismo, este estado es visto como un momento de descanso necesario, pero no contribuye al autoconocimiento ni a la experiencia de la gnosis. Sin embargo, la capacidad de entrar en este estado de descanso permite al practicante renovar sus fuerzas y mantener el equilibrio necesario para su camino espiritual.

El sueño con sueños, o estado de sueño lúcido, tiene un significado especial en el gnosticismo, ya que permite al individuo explorar los contenidos de su propia mente y conectarse con el subconsciente. En este estado, la conciencia experimenta imágenes y narrativas simbólicas que pueden ser interpretadas como mensajes de su propia esencia espiritual o incluso como revelaciones del Pleroma. A través de la práctica de la lucidez en los sueños, el gnóstico aprende a reconocer que está soñando y a interactuar conscientemente con los símbolos y escenarios de sus sueños. Este estado de sueño lúcido es una oportunidad para explorar aspectos de su ser que permanecen ocultos durante la vigilia y para obtener vislumbres de la verdad que trascienden el mundo material.

La conciencia despierta, o estado de atención plena, es un estado de percepción elevado que permite al practicante experimentar el momento presente con claridad y desapego. En este estado, el gnóstico se encuentra plenamente consciente de sus pensamientos, emociones y sensaciones, pero sin identificarse con ellos. La conciencia despierta permite al alma observar la realidad con una objetividad que no está influida por los deseos ni las proyecciones del ego. Este estado de conciencia es cultivado mediante la meditación y la práctica de la autoobservación, y es fundamental para el autoconocimiento, pues permite al gnóstico ver a través de las ilusiones que mantienen a la conciencia atrapada en el mundo material.

Otro estado esencial en el camino gnóstico es el estado de contemplación profunda, un nivel de conciencia en el que el alma se desconecta de los estímulos externos y se sumerge en la paz y el silencio interiores. En este estado, el gnóstico experimenta una cercanía con su esencia divina y con el Pleroma, el reino de la plenitud y la luz. La contemplación profunda permite al practicante experimentar una conexión directa con el Dios Supremo, una unión mística en la que las barreras entre el individuo y la divinidad se disuelven. En este estado, el alma recuerda su verdadera naturaleza y experimenta una paz que va más allá de la comprensión ordinaria, una paz que proviene de su unión con la fuente de toda existencia.

El estado de iluminación o gnosis es el estado de conciencia más elevado en el gnosticismo y representa la culminación del camino espiritual. En este estado, el alma experimenta un despertar completo, una percepción directa de la verdad que la libera de todas las ilusiones del Demiurgo y la reconecta con el Pleroma. La gnosis es una experiencia de unidad en la que el ser se da cuenta de que su verdadera identidad no pertenece al mundo material, sino al reino eterno del Dios Supremo. Este estado de iluminación es el objetivo final de la práctica gnóstica, el momento en que el alma se libera de las ataduras del ciclo de nacimiento y muerte y alcanza la paz y la plenitud en su regreso al Pleroma.

La transición entre estos estados de conciencia no es automática ni rápida; requiere una práctica constante y una intención clara de despertar. El gnóstico cultiva cada uno de estos estados a través de la meditación, la introspección y el desapego, avanzando paso a paso hacia la gnosis. En este proceso, el practicante aprende a reconocer y a liberarse de las influencias de los arcontes, quienes intentan mantener a las almas atrapadas en los estados de conciencia más bajos. El gnóstico, al desarrollar una voluntad firme y una percepción clara, avanza hacia los estados superiores de conciencia que lo conectan con su esencia divina.

Además, el gnosticismo enseña que cada uno de estos estados de conciencia tiene un propósito y una función específica en el proceso de autoconocimiento y liberación. La vigilia ordinaria, aunque dominada por las distracciones del mundo material, proporciona al gnóstico las oportunidades y los desafíos necesarios para practicar el desapego y el autoconocimiento. El sueño lúcido permite explorar el subconsciente y enfrentar los deseos y temores que surgen de las influencias del Demiurgo. La conciencia despierta y la contemplación profunda preparan al alma para la experiencia de la gnosis, fortaleciendo su conexión con el Pleroma y recordándole su verdadera esencia.

Para el gnóstico, el objetivo es trascender la identificación con los estados de conciencia inferiores y establecerse en los estados de conciencia que reflejan su verdadera naturaleza espiritual. Al avanzar en este proceso, el practicante experimenta un desapego creciente de las ilusiones del mundo material y una conexión cada vez más profunda con el Dios Supremo. La experiencia de la gnosis no es solo una meta final, sino un estado que puede ser cultivado y profundizado continuamente, permitiendo al alma experimentar momentos de paz y claridad que la guían en su camino de regreso al Pleroma.

En conclusión, los estados de conciencia en el gnosticismo representan los diferentes niveles de percepción y comprensión que el alma experimenta en su camino hacia la liberación. Desde la vigilia ordinaria y el sueño hasta la conciencia despierta y la iluminación, cada estado es una etapa en el proceso de despertar y autoconocimiento que permite al gnóstico ver a través de las ilusiones del Demiurgo y recordar su conexión con el Dios Supremo. Estos estados de conciencia, cuando se cultivan con disciplina y intención, guían al alma en su viaje hacia la gnosis, el conocimiento revelador que la reconecta con el Pleroma y la libera de las ataduras del mundo material.

Capítulo 33
Prácticas de Sueños Lúcidos

En el camino gnóstico, los sueños lúcidos son una herramienta poderosa para alcanzar la comprensión espiritual y para acceder a niveles más profundos de la conciencia. Los sueños, en el gnosticismo, no son vistos únicamente como procesos mentales, sino como puertas hacia el subconsciente y el espíritu, espacios en los que el alma puede recibir mensajes, experimentar revelaciones y explorar los rincones más ocultos de su ser. Los sueños lúcidos, en particular, permiten al practicante interactuar conscientemente con los símbolos y las imágenes que emergen del subconsciente, brindando oportunidades de autoconocimiento y de contacto con la sabiduría interior. Al desarrollar esta capacidad, el gnóstico transforma el sueño en una práctica espiritual, un espacio donde se encuentra cara a cara con las enseñanzas ocultas y con su propia esencia divina.

La práctica de los sueños lúcidos implica aprender a reconocer el momento en que se está soñando y asumir el control de los eventos dentro del sueño. Este proceso requiere una atención y una conciencia que pueden cultivarse mediante técnicas específicas. Una de las prácticas esenciales para inducir sueños lúcidos es el reconocimiento de los signos del sueño. El gnóstico debe prestar atención a los detalles inusuales o a los patrones recurrentes que aparecen en sus sueños, de modo que pueda reconocerlos en futuras experiencias oníricas. Al identificar estos signos, el practicante comienza a desarrollar la habilidad de detectar la diferencia entre la realidad del sueño y la vigilia, lo cual le permite tomar conciencia dentro del sueño y acceder a una dimensión más profunda de exploración.

La autocomprobación o test de realidad es otra técnica clave para inducir sueños lúcidos. Esta práctica consiste en cuestionar constantemente la naturaleza de la realidad, tanto en la vigilia como en los sueños. Al preguntarse "¿Estoy soñando?" durante el día y realizar pruebas para verificar la respuesta, el gnóstico entrena su mente para aplicar el mismo proceso en los sueños. Cuando esta pregunta surge en el sueño, el practicante es capaz de reconocer su estado onírico, lo cual le permite asumir el control y explorar el contenido del sueño de forma consciente. Esta técnica no solo fomenta la lucidez en los sueños, sino que también cultiva una conciencia despierta y una atención que son esenciales en el camino espiritual.

Una vez que el gnóstico ha alcanzado un estado de lucidez en el sueño, puede comenzar a interactuar con los símbolos y los arquetipos que aparecen en su experiencia onírica. Los sueños, en el contexto gnóstico, son entendidos como un reflejo del subconsciente, donde residen tanto los impulsos creados por el Demiurgo como las semillas de la sabiduría divina. A través de la exploración consciente de los símbolos, el gnóstico puede descubrir aspectos de su ser que han sido reprimidos o desconocidos en la vigilia, y puede también experimentar vislumbres de la verdad que provienen de su conexión con el Pleroma. En este espacio, el soñador lúcido puede comunicarse con figuras simbólicas, explorar paisajes internos y recibir mensajes que le guían en su búsqueda de la gnosis.

El desarrollo de la intención antes de dormir es otro aspecto importante en la práctica de los sueños lúcidos. En el gnosticismo, la intención es vista como una fuerza que guía la experiencia del alma, y al establecer una intención clara antes de dormir, el gnóstico dirige su conciencia hacia un propósito específico. Esta intención puede ser una pregunta sobre un aspecto de su vida espiritual, un deseo de conocer más sobre su esencia divina, o una búsqueda de respuestas en su camino hacia la liberación. Al enfocarse en esta intención al momento de dormir, el practicante abre su mente y su espíritu a recibir mensajes y experiencias que pueden ayudarlo en su despertar.

La práctica de los sueños lúcidos también permite al gnóstico enfrentar sus miedos y deseos en un entorno simbólico. En el sueño, las limitaciones y las barreras del mundo físico se disuelven, lo cual brinda la oportunidad de confrontar las propias sombras y deseos, de los cuales el Demiurgo se vale para mantener al alma atrapada en el mundo material. A través de la lucidez, el gnóstico puede observar y comprender estos aspectos sin ser dominado por ellos, viendo a través de las ilusiones que el ego y los arcontes proyectan en su conciencia. Este proceso de confrontación y entendimiento permite al alma liberarse de los impulsos y miedos que la atan al ciclo material, fortaleciéndola en su camino de regreso al Pleroma.

Otra técnica valiosa en la práctica de sueños lúcidos es la visualización y afirmación. Antes de dormir, el gnóstico puede visualizar escenas o símbolos que desee explorar durante el sueño, como una luz radiante o un símbolo de sabiduría gnóstica. Al repetir afirmaciones como "Seré consciente en mis sueños" o "Recordaré mi conexión con la luz" antes de dormir, el practicante refuerza su intención de experimentar la lucidez y de conectar con su esencia divina en el estado onírico. Estas afirmaciones no solo ayudan a inducir la lucidez, sino que también preparan al alma para recibir las revelaciones espirituales que pueden surgir en el sueño.

Durante los sueños lúcidos, el gnóstico puede experimentar momentos de comunión con su ser superior o con guías espirituales que se manifiestan en forma de figuras arquetípicas o maestros espirituales. Estas figuras actúan como mediadoras entre el individuo y su subconsciente, ofreciendo enseñanzas y orientaciones que guían al alma en su camino de autoconocimiento. En la experiencia onírica, el gnóstico puede recibir mensajes y símbolos que no solo le ayudan a comprender su situación en la vida material, sino también a recordar su propósito divino y su conexión con el Dios Supremo. Esta comunicación se convierte en una fuente de sabiduría que el practicante lleva consigo al estado de vigilia, reforzando su camino hacia la gnosis.

La práctica de los sueños lúcidos también permite al gnóstico explorar la naturaleza de la realidad y experimentar la maleabilidad del mundo onírico. En el estado de lucidez, el soñador puede crear y transformar los escenarios del sueño, viendo directamente cómo la realidad que experimenta es una proyección de su propia mente. Esta experiencia sirve como una analogía para comprender la naturaleza ilusoria del mundo material, recordando que, al igual que en el sueño, la realidad física es una construcción impuesta por el Demiurgo. Al experimentar esta maleabilidad, el gnóstico desarrolla una comprensión profunda de la ilusión que mantiene a las almas atrapadas, fortaleciendo su intención de buscar la verdad que yace más allá de las apariencias.

El proceso de registro y análisis de los sueños lúcidos es fundamental para extraer el máximo beneficio de esta práctica. Al despertar, el gnóstico debe registrar sus sueños en un diario, describiendo con el mayor detalle posible los símbolos, conversaciones y emociones experimentadas. Este registro no solo ayuda a consolidar la memoria del sueño, sino que también permite analizar y reflexionar sobre los mensajes y símbolos recibidos. Al estudiar estos sueños, el gnóstico puede identificar patrones y temas recurrentes, revelando aspectos profundos de su ser y de su proceso de despertar. Este análisis de los sueños lúcidos se convierte en un espejo en el que el alma puede observar su progreso y reconocer las áreas en las que necesita trabajar.

En conclusión, la práctica de los sueños lúcidos en el gnosticismo es una herramienta poderosa para el autoconocimiento y la expansión de la conciencia. A través de técnicas como el reconocimiento de los signos del sueño, los test de realidad, la visualización y la intención antes de dormir, el gnóstico aprende a alcanzar la lucidez en el estado onírico, accediendo a una dimensión en la que puede explorar su ser y conectar con la sabiduría interior. Los sueños lúcidos permiten al alma enfrentar sus miedos, recibir enseñanzas y experimentar la naturaleza ilusoria de la realidad, fortaleciendo su camino hacia la gnosis. En este proceso, el gnóstico transforma sus sueños en un espacio sagrado, un lugar donde cada experiencia se convierte en una revelación que lo guía hacia su liberación y su retorno al Pleroma, el reino de la plenitud divina.

Capítulo 34
El Papel de los Elementos

En el gnosticismo, los cuatro elementos —tierra, agua, fuego y aire— son más que componentes físicos de la naturaleza; representan principios espirituales y simbólicos que reflejan diferentes aspectos de la experiencia humana y del alma en su camino de regreso al Pleroma. Estos elementos no solo conforman la realidad material, creada por el Demiurgo, sino que también actúan como símbolos de los desafíos, purificaciones y transformaciones que el alma debe atravesar para liberarse de las ilusiones de la materia y elevarse hacia la gnosis. Comprender el papel de estos elementos es, por tanto, una clave esencial para el gnóstico, quien ve en ellos una representación de las pruebas y los aprendizajes que guían al ser hacia la liberación espiritual.

La tierra es el elemento que simboliza la estabilidad y la manifestación física. Es la sustancia de la cual están hechos los cuerpos y la que simboliza el apego a lo material y a lo tangible. En el gnosticismo, la tierra representa la prisión del alma, un entorno denso que refuerza la ilusión de que el mundo material es el único plano de existencia. Sin embargo, también simboliza la oportunidad de crecimiento y transformación. Al igual que una semilla que debe arraigarse en la tierra antes de brotar hacia la luz, el alma debe encarnarse en el mundo físico para experimentar el proceso de autoconocimiento. El desafío de la tierra es aprender a trascender el apego a lo material, a no identificarse con el cuerpo ni con las posesiones, y a ver en la densidad de la materia una oportunidad para desarrollar la resistencia y la voluntad necesarias para el despertar espiritual.

El agua, por su parte, es el elemento de la fluidez y de las emociones. Simboliza la capacidad de adaptación, pero también el peligro de ser arrastrado por las pasiones y las ilusiones emocionales que el Demiurgo y los arcontes utilizan para mantener al alma en un estado de confusión. El agua representa tanto el flujo de la vida como la influencia de las emociones que pueden desviar al alma de su propósito. En el gnosticismo, el agua es vista como una herramienta de purificación que permite al practicante limpiar su conciencia de los deseos y temores que lo atan al mundo material. Al aprender a dominar el elemento agua, el gnóstico cultiva la claridad emocional, la serenidad y la capacidad de ver sus sentimientos como corrientes pasajeras, en lugar de identificarse con ellos. La práctica de la purificación mediante el agua, tanto de forma literal como simbólica, recuerda al alma su origen en la pureza y en la paz del Pleroma.

El fuego es el elemento de la transformación, la pasión y la purificación. Representa la chispa divina que reside en el interior del alma, una llama que anhela regresar al Dios Supremo y que impulsa al gnóstico a buscar la verdad. El fuego simboliza el proceso de purificación mediante el cual el alma quema las impurezas y deseos materiales que la atan al ciclo de nacimiento y muerte. Al igual que el oro es purificado en el crisol, el alma se fortalece y se vuelve más luminosa a través de las pruebas y dificultades que el fuego representa. En el gnosticismo, el fuego es tanto una fuerza destructiva, que quema las ilusiones y las ataduras, como una fuerza creativa, que impulsa al alma a elevarse hacia su verdadera esencia. Dominar el elemento fuego significa aprender a canalizar la energía interior de manera consciente, transformando la pasión y el deseo en devoción y en un impulso hacia la gnosis.

El aire representa el intelecto, la libertad y la conexión con lo espiritual. Es el elemento de la mente, la claridad y el discernimiento. En el gnosticismo, el aire es visto como el medio a través del cual el alma se eleva por encima de las limitaciones de la materia y de las emociones, accediendo a una perspectiva más elevada y desapegada. Al igual que el viento, que no tiene forma y se mueve libremente, el elemento aire simboliza la capacidad del gnóstico de liberarse de las limitaciones impuestas por el Demiurgo y sus arcontes, ascendiendo hacia el conocimiento verdadero. Trabajar con el elemento aire significa desarrollar la capacidad de discernir entre la ilusión y la realidad, de ver más allá de las apariencias y de comprender la verdad detrás de las cosas. Este elemento enseña la importancia del desapego y de la ligereza, cualidades que permiten al alma elevarse hacia el Pleroma y experimentar la paz y la libertad que provienen de la conexión con el Dios Supremo.

Además de estos cuatro elementos, el gnosticismo reconoce un quinto elemento, a menudo llamado éter o espíritu, que representa la esencia divina en el interior de cada ser. Este elemento no pertenece al mundo material y no puede ser percibido por los sentidos físicos; es el vínculo directo entre el alma y el Pleroma. El éter simboliza la chispa de la divinidad, el fragmento del Dios Supremo que existe en cada ser humano y que le recuerda su verdadero origen y propósito. Este quinto elemento es la fuerza que impulsa al gnóstico a buscar la gnosis y a recordar su conexión con el reino de la luz. En la práctica espiritual, el éter es el medio por el cual el alma trasciende los elementos materiales y se une con la fuente divina.

Cada uno de estos elementos tiene un papel específico en la práctica espiritual y en el proceso de autoconocimiento del gnóstico. La tierra enseña la importancia de no dejarse atrapar por la densidad del mundo material; el agua muestra la necesidad de purificar y canalizar las emociones; el fuego representa el impulso hacia la transformación y la búsqueda de la verdad; el aire permite la claridad mental y el discernimiento; y el éter, finalmente, es el recordatorio de la esencia divina que habita en el interior. Al comprender y trabajar con estos elementos, el gnóstico encuentra en ellos aliados en su camino hacia la liberación.

El gnosticismo también utiliza rituales y meditaciones con los elementos para reforzar la conexión espiritual y para alinear el alma con sus principios. Un ritual con la tierra puede incluir prácticas de enraizamiento y de afirmación de la estabilidad interior, mientras que un ritual con el agua puede implicar el uso de agua pura para limpiar simbólicamente las impurezas de la mente y el corazón. El fuego, a su vez, puede ser utilizado en meditaciones que busquen purificar el alma, mientras que el aire es invocado para calmar la mente y permitir que el espíritu se eleve en la introspección. Finalmente, el éter es meditado en un estado de silencio profundo, en el que el gnóstico permite que su conciencia se sintonice con el Pleroma.

En la práctica diaria, el gnóstico busca integrar las lecciones de estos elementos en su vida, cultivando la fortaleza de la tierra, la pureza del agua, la pasión transformadora del fuego y la claridad del aire. Estos elementos se convierten en símbolos vivos de los principios espirituales que el alma debe encarnar para liberarse de las ilusiones y para recordar su verdadera naturaleza. Al armonizar con estos elementos, el gnóstico experimenta una conexión más profunda con el universo y con la creación, reconociendo que, aunque el mundo material sea obra del Demiurgo, contiene semillas de verdad y de sabiduría que pueden ser utilizadas para el despertar espiritual.

En conclusión, los elementos en el gnosticismo son mucho más que componentes físicos; son símbolos de las fuerzas espirituales que guían al alma en su camino hacia el autoconocimiento y la liberación. La tierra, el agua, el fuego, el aire y el éter representan tanto los desafíos como las enseñanzas que el gnóstico debe integrar para trascender el mundo material y retornar al Pleroma. Al trabajar conscientemente con estos elementos, el alma se purifica, se fortalece y se eleva, recordando su esencia divina y avanzando hacia la gnosis, el conocimiento que la conecta con el Dios Supremo y la libera de las ataduras del Demiurgo.

Capítulo 35
La Sabiduría de la Serpiente

Dentro de la cosmovisión gnóstica, la serpiente representa uno de los símbolos más enigmáticos y potentes. A diferencia de las interpretaciones tradicionales que suelen asociarla con el engaño y el pecado, el gnosticismo adopta una visión distinta: la serpiente es un emblema de sabiduría, transformación y despertar espiritual. En los textos gnósticos y especialmente en el Evangelio de Judas, la serpiente no es vista como una figura maligna, sino como una portadora de conocimiento, una guía que desafía las estructuras impuestas por el Demiurgo y abre la puerta al autoconocimiento y a la revelación de la verdadera realidad espiritual.

La serpiente es, en su esencia, un símbolo de dualidad, pues combina tanto la energía de la vida como la de la muerte, el conocimiento y el misterio. En el mito del Edén, reinterpretado en muchas corrientes gnósticas, la serpiente aparece como la entidad que despierta a Adán y a Eva de la ignorancia, permitiéndoles conocer la diferencia entre la luz y la oscuridad, entre la libertad y la esclavitud impuesta por el Demiurgo. Para los gnósticos, este acto no representa una caída, sino un primer paso hacia la emancipación espiritual, un llamado al ser humano para que se libere de las ilusiones del mundo material y se acerque a la gnosis, la sabiduría que reside más allá de las apariencias.

En el gnosticismo, la serpiente simboliza el impulso de buscar la verdad oculta y de rebelarse contra las restricciones impuestas por los arcontes. Representa la fuerza del espíritu que, a pesar de estar atrapada en el cuerpo material, mantiene un impulso constante de retorno al Pleroma, el reino de la plenitud y la luz. La serpiente, con su habilidad de mudar de piel, encarna el proceso de transformación que el gnóstico debe experimentar para alcanzar la gnosis. Este proceso implica el abandono de las identidades falsas, el desapego de las ilusiones y la liberación de los condicionamientos que el Demiurgo y sus arcontes han impuesto sobre el alma.

La serpiente también es un símbolo de la energía interna que reside en cada ser humano, un poder latente que puede ser despertado y dirigido hacia el autoconocimiento y la iluminación. En este sentido, la serpiente simboliza la fuerza vital y espiritual que el gnóstico debe canalizar y purificar en su camino hacia la gnosis. Esta fuerza, en muchas tradiciones espirituales y en particular en el gnosticismo, es vista como una energía serpenteante que reside en el interior, que debe ser despertada y guiada hacia los centros superiores de la conciencia. Esta energía, cuando es comprendida y cultivada, permite al practicante acceder a niveles profundos de percepción y experimentar su conexión con el Dios Supremo.

Para los gnósticos, la sabiduría de la serpiente implica la capacidad de ver más allá de las ilusiones del mundo material, de reconocer la naturaleza engañosa de las apariencias y de buscar la verdad que yace oculta detrás de ellas. Este conocimiento no es intelectual, sino intuitivo, una comprensión directa que surge de la experiencia interna. La serpiente enseña al gnóstico a desconfiar de las certezas impuestas por el Demiurgo y a buscar respuestas en su propia esencia. La sabiduría de la serpiente es la sabiduría del cuestionamiento, la capacidad de cuestionar todo lo que se ha aprendido en el mundo material y de abrirse a la posibilidad de un conocimiento más profundo y liberador.

El acto de "mudar de piel" que realiza la serpiente es, en el contexto gnóstico, un símbolo de la renovación espiritual y del desapego de las identidades ilusorias. Así como la serpiente deja atrás su antigua piel para renovarse, el gnóstico debe abandonar las identificaciones con el cuerpo, con el ego y con los deseos materiales que el Demiurgo ha sembrado en el mundo. Este acto de renovación implica una muerte simbólica, un dejar atrás todo lo que no pertenece a la esencia divina y una apertura hacia la verdad del Pleroma. A través de este proceso de transformación, el gnóstico experimenta un renacimiento espiritual, un retorno a su verdadera identidad como chispa divina.

La serpiente también simboliza la conexión con el conocimiento secreto o esotérico que se encuentra en el interior del ser humano. Este conocimiento, o gnosis, no es accesible mediante los sentidos o la mente racional, sino que requiere una apertura a la intuición y a la percepción interna. La serpiente, en este sentido, es una guía hacia el autoconocimiento, una aliada que permite al gnóstico descubrir su conexión con el Pleroma y recordar su origen divino. Esta sabiduría no es algo que puede enseñarse desde el exterior; es una revelación que surge de la introspección y de la práctica espiritual. Al igual que la serpiente, que se mueve de manera silenciosa y discreta, la sabiduría gnóstica surge de manera sutil, revelándose solo a aquellos que han preparado su conciencia para recibirla.

En muchos mitos gnósticos, la serpiente aparece como un ser que desafía la autoridad del Demiurgo y ofrece al ser humano una visión de la realidad que el Demiurgo intenta ocultar. Esta figura actúa como una especie de redentor, un ser que revela el verdadero propósito del alma y le recuerda que su destino no es la prisión del mundo material, sino el retorno al Pleroma. Para los gnósticos, la serpiente no es un enemigo, sino una aliada que ayuda a recordar la chispa divina en el interior y a romper las cadenas de la ignorancia. Esta visión contrasta con las interpretaciones ortodoxas y destaca el valor de la sabiduría y de la rebelión contra el engaño como caminos hacia la verdad.

En la práctica espiritual, los gnósticos pueden recurrir a la meditación sobre la serpiente como una forma de conectarse con su energía interior y de despertar la sabiduría oculta que yace en su ser. Al visualizar la serpiente, el practicante contempla la transformación, el desapego y la búsqueda de la verdad, permitiendo que estas cualidades florezcan en su interior. La serpiente es vista como una fuerza que guía al alma en su proceso de liberación, una figura que inspira al gnóstico a desafiar las estructuras del mundo material y a seguir su llamado hacia la gnosis. Este símbolo se convierte en un recordatorio de la capacidad del alma para transformarse y para trascender las limitaciones impuestas por el Demiurgo.

La sabiduría de la serpiente enseña también la importancia de la humildad y de la paciencia en el camino espiritual. Así como la serpiente se mueve de manera tranquila y desapegada, el gnóstico aprende a avanzar en su camino sin prisa y sin apego a los resultados. La transformación espiritual, al igual que el proceso de cambio de piel de la serpiente, requiere tiempo y dedicación. Este símbolo invita al practicante a aceptar las etapas de su propio proceso, a observar sus sombras y a dejar atrás lo que ya no le sirve, reconociendo que cada paso en su transformación lo acerca a la experiencia del Pleroma.

En conclusión, la serpiente en el gnosticismo es un símbolo de sabiduría, transformación y liberación. Representa la fuerza del espíritu que desafía las ilusiones del Demiurgo y guía al alma hacia la gnosis. La serpiente enseña la importancia de cuestionar las certezas, de abandonar las identidades superficiales y de buscar la verdad en el interior. Al contemplar la sabiduría de la serpiente, el gnóstico encuentra una aliada en su camino de regreso al Pleroma, una guía que lo impulsa a recordar su verdadera esencia y a transformarse en la luz de la verdad.

Capítulo 36
La Alquimia Interior

En el gnosticismo, la alquimia interior es la práctica de transformar el alma desde su estado atrapado en el mundo material hacia un estado de claridad y pureza espiritual. A diferencia de la alquimia tradicional, que buscaba transmutar metales en oro, la alquimia interior gnóstica tiene como objetivo transmutar el ego, los deseos y las sombras del alma en una esencia luminosa y pura, capaz de alcanzar la gnosis y retornar al Pleroma. Este proceso de alquimia espiritual es una disciplina de introspección, desapego y renovación, en la que el gnóstico busca transformar las limitaciones impuestas por el Demiurgo en un camino de autoconocimiento y liberación.

La alquimia interior comienza con la purificación del ser. Este es el primer paso en el proceso de transmutación, en el que el gnóstico trabaja para liberar su conciencia de los deseos y las distracciones del mundo material. En esta fase, el practicante reconoce las influencias que el Demiurgo y sus arcontes ejercen sobre el alma, y se compromete a disiparlas mediante la disciplina y la meditación. La purificación implica dejar atrás los apegos a las experiencias sensoriales y al ego, identificando y soltando todo aquello que refuerza las ilusiones materiales. A través de este proceso, el gnóstico empieza a experimentar una mayor claridad interior, una percepción que se aleja de las ilusiones externas y se dirige hacia la verdad oculta en su esencia.

El siguiente paso en la alquimia interior es la transformación de las emociones y pensamientos. En el gnosticismo, las emociones y pensamientos son vistos como energías que, si no son comprendidas y dominadas, pueden actuar como fuerzas que esclavizan al alma. La alquimia interior consiste en observar estas energías y transformarlas en medios para el despertar. Las emociones que surgen del ego —como el miedo, la ira o la envidia— son reconocidas como ilusiones que fortalecen la prisión de la conciencia en el mundo material. Sin embargo, en lugar de reprimirlas, el gnóstico las observa, las comprende y las transforma, purificando su naturaleza para que puedan servir como combustible para la ascensión espiritual. La alquimia interior convierte estas energías en amor, comprensión y voluntad de crecimiento, guiando al alma hacia su estado de pureza.

En este proceso de transformación, el gnóstico se enfrenta a sus sombras internas, los aspectos de sí mismo que han sido reprimidos o ignorados y que, sin embargo, ejercen una influencia profunda en su vida y en su percepción de la realidad. Estas sombras representan las fuerzas del Demiurgo en el interior, los deseos, miedos y traumas que condicionan el comportamiento y las decisiones del ser humano. La alquimia interior enseña que, en lugar de negar estas sombras, el gnóstico debe integrarlas y comprenderlas para transmutarlas en luz. Este proceso de integración permite que el alma recupere su fuerza y se libere de las influencias inconscientes que la atan al ciclo de reencarnación y de sufrimiento.

La meditación y la autoobservación son herramientas esenciales en la alquimia interior, pues permiten al gnóstico ver a través de las ilusiones y discernir entre la verdad y la falsedad en su propia mente. Al cultivar la autoobservación, el practicante aprende a identificar los patrones de pensamiento y las emociones que surgen del ego y de los arcontes, y a transformarlos mediante la conciencia. La meditación, por otro lado, permite al gnóstico entrar en un estado de paz y claridad, un espacio de silencio donde puede experimentar la presencia de su chispa divina. A través de estas prácticas, el gnóstico encuentra en su propio ser los elementos necesarios para la alquimia interior, descubriendo que la transformación espiritual no es una búsqueda externa, sino una disciplina de exploración y de liberación internas.

El gnosticismo también enseña que la alquimia interior implica un proceso de transmutación de los deseos. Los deseos son energías poderosas que, si no son comprendidas y redirigidas, pueden mantener al alma en un estado de esclavitud al mundo material. La alquimia interior no rechaza los deseos, sino que los reconoce y los transforma en aspiraciones espirituales. Así, el deseo de poder se convierte en una aspiración de autoconocimiento, el deseo de posesiones materiales se transfiere a un anhelo de libertad interior, y el deseo de reconocimiento se transmuta en una voluntad de servicio y de conexión con el Dios Supremo. En este proceso, los deseos pierden su fuerza de apego y se convierten en fuerzas que impulsan al alma hacia la gnosis y hacia su verdadera esencia.

Uno de los símbolos fundamentales en la alquimia interior gnóstica es el fuego, que representa el proceso de purificación y transformación. En la alquimia, el fuego es el elemento que quema las impurezas y deja solo la esencia pura. Del mismo modo, el gnóstico utiliza el fuego interior, la chispa divina, para purificar su ser y transmutar sus debilidades en fortalezas. Este fuego no es un fuego destructivo, sino un fuego de amor y de comprensión que consume las ilusiones y permite que el alma resplandezca en su verdadero estado. En la meditación y la contemplación, el gnóstico visualiza este fuego interior y permite que su calor disuelva las barreras que el Demiurgo ha puesto en su mente y en su corazón.

La alquimia interior también involucra la integración de los opuestos. En el mundo material, el ser humano experimenta constantemente la dualidad —entre el bien y el mal, la luz y la oscuridad, el deseo y el desapego— que separa y fragmenta su conciencia. La alquimia interior busca unir estos opuestos, permitiendo que el alma experimente su unidad esencial. Este proceso de integración no es una negación de la dualidad, sino una trascendencia de sus aparentes contradicciones. Al comprender que tanto la luz como la oscuridad son parte del proceso de evolución espiritual, el gnóstico transciende el conflicto y experimenta una paz que emana de su verdadera naturaleza, una paz que no depende de las circunstancias externas.

La transformación final en la alquimia interior es la experiencia de la gnosis, el estado en el que el alma recuerda su conexión con el Dios Supremo y experimenta una conciencia unificada y pura. En este estado, el gnóstico alcanza la plenitud, una paz que no se basa en las condiciones materiales, sino en la realización de su verdadera identidad como chispa divina. La alquimia interior culmina en este estado de iluminación, en el cual el practicante ha transmutado todas las impurezas y se encuentra en armonía con el Pleroma. La experiencia de la gnosis no es el final del camino, sino el comienzo de una nueva vida en la que el gnóstico vive consciente de su esencia divina, libre de las ilusiones del Demiurgo.

En la práctica, la alquimia interior es un proceso continuo de observación, transformación y trascendencia. El gnóstico, como alquimista de su propio ser, trabaja en su interior para transmutar cada pensamiento, emoción y deseo en una fuerza que lo acerque a la verdad. Este proceso requiere disciplina, paciencia y una voluntad firme, pues la alquimia interior no es un camino fácil ni inmediato. Sin embargo, a través de la constancia y el compromiso, el gnóstico experimenta una transformación profunda que le permite vivir en paz y en plenitud, independientemente de las circunstancias externas.

En conclusión, la alquimia interior en el gnosticismo es el arte de transformar el alma, de purificarla y de elevarla hacia la gnosis. A través de la purificación, la transmutación de las emociones, la integración de los opuestos y la experiencia de la unidad con el Dios Supremo, el gnóstico transforma su ser en un recipiente de luz, una esencia pura que ha superado las limitaciones del mundo material. La alquimia interior es un recordatorio de que el poder de la transformación no se encuentra en el exterior, sino en el interior de cada alma, en su chispa divina que, a través de la disciplina y el amor, puede llegar a brillar con la luz del Pleroma y alcanzar la verdadera libertad.

Capítulo 37
El Papel del Sufrimiento en la Evolución Espiritual

En el contexto del gnosticismo, el sufrimiento es percibido no simplemente como un mal o una condición a evitar, sino como una herramienta fundamental en el proceso de autoconocimiento y liberación espiritual. El sufrimiento, aunque doloroso y desconcertante en el plano material, actúa como un recordatorio constante de la verdadera naturaleza del mundo creado por el Demiurgo: un entorno imperfecto, marcado por la dualidad y el engaño, que mantiene a las almas prisioneras. Sin embargo, en esta realidad limitada, el sufrimiento impulsa al ser humano a cuestionar las ilusiones del mundo material y a buscar un propósito más profundo que lo guíe hacia la gnosis.

Para el gnóstico, el sufrimiento es a menudo el catalizador del despertar. En el mundo material, donde la influencia del Demiurgo genera un estado de ignorancia y desconexión con el Pleroma, el sufrimiento irrumpe en la experiencia humana como una chispa de revelación. Es en los momentos de dolor y de pérdida cuando las ilusiones que rodean la existencia se ven con mayor claridad, y el alma se pregunta sobre la verdadera razón de su existencia. El sufrimiento, entonces, revela la fragilidad y la temporalidad de lo material, y ofrece la oportunidad de volcar la atención hacia el interior, hacia la chispa divina que se encuentra más allá de las limitaciones físicas.

A través de la experiencia del sufrimiento, el gnóstico desarrolla la capacidad de desapego. En lugar de identificarse con el dolor o dejarse consumir por el sufrimiento, el practicante gnóstico aprende a observar sus experiencias con objetividad y desapego, entendiendo que cada momento de sufrimiento es una manifestación de las imperfecciones del mundo material y no de su verdadero ser. Este desapego no implica insensibilidad, sino una comprensión de que el dolor pertenece al plano físico y emocional, mientras que el alma, en su esencia, permanece intacta y conectada con el Pleroma. El desapego, así, permite al gnóstico liberarse de la identificación con el cuerpo y las emociones, fortaleciéndolo en su búsqueda de la verdad.

Además, el sufrimiento tiene el poder de despertar la compasión y la empatía en el gnóstico. Al experimentar el dolor y las pruebas de la vida material, el ser humano se vuelve más consciente del sufrimiento de los demás y desarrolla una comprensión más profunda de la naturaleza humana. Esta compasión, en el gnosticismo, es una manifestación de la chispa divina que yace en el interior del alma. La empatía y el amor que surgen del sufrimiento permiten al gnóstico recordar su conexión con todas las almas, quienes comparten la misma prisión material y el mismo anhelo de liberación. La compasión se convierte, entonces, en una fuerza transformadora que guía al practicante hacia el servicio y hacia la solidaridad espiritual con los demás.

El sufrimiento también impulsa al gnóstico a buscar respuestas más allá de lo evidente. En su deseo de encontrar alivio y paz, el alma se abre a cuestionamientos profundos sobre la naturaleza de la realidad, el propósito de la vida y la existencia del Dios Supremo. Este cuestionamiento, que a menudo surge del dolor y de la confusión, es el primer paso hacia la gnosis, el conocimiento revelador que permite al alma recordar su verdadera esencia y su origen en el Pleroma. Así, el sufrimiento actúa como un maestro que impulsa al gnóstico a mirar más allá de las apariencias y a descubrir la verdad espiritual que yace oculta tras el velo del mundo material.

A través de la práctica de la introspección y la meditación, el gnóstico utiliza el sufrimiento como una puerta de entrada hacia el autoconocimiento. En lugar de rechazar o ignorar el dolor, el practicante lo acepta y lo observa con una mente clara y desapegada. Esta aceptación del sufrimiento le permite comprender sus causas, que a menudo están relacionadas con el apego a las ilusiones materiales o con la identificación con el ego. Al observar el sufrimiento sin resistencia, el gnóstico puede identificar los patrones de pensamiento y comportamiento que lo mantienen atrapado en el ciclo de dolor y liberarse de ellos. La introspección y la meditación, entonces, se convierten en prácticas alquímicas, en las que el dolor se transforma en sabiduría y en una conexión más profunda con la chispa divina.

El gnosticismo enseña que el sufrimiento es una prueba de voluntad. En el proceso de despertar, el alma se enfrenta a numerosas pruebas y desafíos que requieren determinación y disciplina. El sufrimiento, en este sentido, es una herramienta que permite al gnóstico fortalecer su voluntad y su capacidad de resistir las tentaciones y los engaños del Demiurgo. Cada momento de dolor o de dificultad es una oportunidad para demostrar la firmeza del espíritu y la intención de avanzar en el camino hacia la gnosis. La voluntad, cuando se fortalece a través de las pruebas, se convierte en una guía interna que mantiene al alma en su curso hacia la liberación, a pesar de las adversidades y de las distracciones del mundo material.

En el proceso de evolución espiritual, el gnóstico también aprende a ver el sufrimiento como una práctica de desapego y de aceptación. La resistencia al dolor y al cambio solo genera más sufrimiento, mientras que la aceptación y el desapego permiten al practicante fluir con la vida sin quedar atrapado en los altibajos de la existencia material. Al aprender a aceptar el sufrimiento como una parte inevitable de la vida en el mundo físico, el gnóstico experimenta una paz interior que surge de su conexión con el Pleroma. Esta aceptación le permite trascender el sufrimiento y ver cada experiencia como una oportunidad para crecer y recordar su verdadera esencia divina.

El gnosticismo también sostiene que el sufrimiento puede ser un recordatorio de la transitoriedad de la vida material. Cada momento de dolor, cada pérdida y cada decepción refuerza la comprensión de que el mundo material es efímero y que la verdadera realidad se encuentra más allá de las apariencias. Esta conciencia de la transitoriedad motiva al gnóstico a desapegarse de lo temporal y a centrar su atención en la búsqueda de la verdad eterna. Al recordar que el sufrimiento es una manifestación de la imperfección del mundo creado por el Demiurgo, el gnóstico se enfoca en su meta final: la liberación de las ataduras materiales y el retorno al reino de la luz y la plenitud.

En última instancia, el papel del sufrimiento en la evolución espiritual gnóstica es el de un catalizador de la transformación interior. Cada experiencia de dolor actúa como una purificación, un proceso en el que el alma se despoja de las ilusiones y de las identificaciones con el ego. Este proceso de purificación permite al gnóstico recordar su verdadera naturaleza y alinearse con el Pleroma, experimentando una paz que trasciende el dolor y las circunstancias materiales. La transformación que surge del sufrimiento es una alquimia interna, en la que el alma se eleva por encima de las limitaciones del mundo físico y se convierte en un reflejo de la luz divina.

En conclusión, el sufrimiento en el gnosticismo es una herramienta esencial en el proceso de evolución espiritual. A través del dolor y de la pérdida, el gnóstico aprende a desapegarse del mundo material, a desarrollar compasión y a buscar la verdad espiritual que yace más allá de las apariencias. El sufrimiento actúa como un maestro que impulsa al alma a recordar su verdadera esencia y a buscar la paz que solo puede encontrarse en la conexión con el Dios Supremo. En cada experiencia de sufrimiento, el gnóstico ve una oportunidad de crecimiento y de transformación, un paso más hacia la liberación y el regreso al Pleroma, donde la dualidad y el dolor desaparecen y solo permanece la plenitud del ser.

Capítulo 38
Conexión con el Yo Superior

En el camino gnóstico, la conexión con el Yo Superior es un proceso de reconexión profunda con la esencia divina que reside en cada ser humano. Este Yo Superior no es una construcción del ego, ni una identidad superficial basada en la personalidad o en las experiencias de vida. Más bien, es la chispa del Dios Supremo que permanece intacta en el interior del alma, un reflejo del Pleroma que guía al ser hacia la verdad y la liberación. Establecer esta conexión es fundamental en el gnosticismo, ya que el Yo Superior es visto como el puente directo entre la condición humana atrapada en el mundo material y el estado de plenitud espiritual en el reino de la luz.

El Yo Superior, en el contexto gnóstico, representa la verdadera identidad del alma, aquella que permanece más allá de las ilusiones creadas por el Demiurgo y sus arcontes. Esta conexión es, en realidad, un proceso de recuerdo, pues el Yo Superior siempre ha estado presente, aunque oscurecido por las sombras del mundo material y el ruido de las preocupaciones cotidianas. El camino gnóstico invita al practicante a reencontrarse con esta parte de sí mismo, a recordar su naturaleza divina y a restaurar la comunicación con el Pleroma. A través de esta conexión, el alma recupera su paz y su sentido de pertenencia a una realidad más amplia y trascendente.

Para establecer una conexión con el Yo Superior, el gnóstico practica la introspección y el silencio interior. En la introspección, el practicante se adentra en los rincones de su ser, observando sin juicio los pensamientos, deseos y emociones que surgen en su mente. A medida que explora estos aspectos, el gnóstico aprende a distinguir entre las voces del ego —influenciadas por el Demiurgo— y la voz serena y sabia del Yo Superior, que susurra verdades profundas desde el centro de su ser. En este proceso de silencio interior, el gnóstico se desconecta de las distracciones del mundo material, creando un espacio en el cual la chispa divina puede hacerse presente y guiar al alma hacia la gnosis.

La meditación es otra práctica esencial para fortalecer esta conexión. En el gnosticismo, la meditación no es simplemente una técnica de relajación, sino un acto de comunión con el Yo Superior. Al aquietar la mente y centrarse en la respiración, el practicante crea un estado de receptividad que le permite sintonizarse con su esencia divina. En la meditación, el gnóstico busca vaciar su conciencia de pensamientos y deseos, permitiendo que la luz del Yo Superior ilumine su ser y lo guíe hacia la comprensión de su propósito en el mundo. Esta meditación es una puerta hacia el Pleroma, un espacio donde el alma se reencuentra con su origen y recuerda su verdadera naturaleza como chispa del Dios Supremo.

Otro aspecto clave en la conexión con el Yo Superior es el autoconocimiento. El Yo Superior, al estar en contacto con la esencia divina, conoce el verdadero propósito y las lecciones que el alma necesita aprender en su viaje por el mundo material. El gnóstico, a través de la autoobservación y el análisis interno, puede comenzar a comprender las motivaciones profundas y los patrones de comportamiento que han sido moldeados por las ilusiones del Demiurgo. Al traer estos patrones a la conciencia y examinarlos a la luz del Yo Superior, el gnóstico se libera de las limitaciones y condicionamientos que lo atan al ciclo de nacimiento y muerte. Esta claridad permite al practicante vivir desde una conciencia más elevada, guiada por la sabiduría y la paz del Yo Superior.

En el proceso de conexión con el Yo Superior, el gnóstico también cultiva la intuición como una forma de comunicación con su ser más elevado. La intuición es la voz del Yo Superior, una percepción profunda que surge sin razonamientos o análisis y que orienta al alma en su camino de evolución. Para los gnósticos, la intuición es una manifestación directa de la chispa divina y, cuando se cultiva con disciplina, se convierte en una brújula que guía al ser hacia decisiones alineadas con su propósito espiritual. A medida que el gnóstico desarrolla su intuición, aprende a confiar en esta sabiduría interna y a escuchar el llamado de su esencia divina, que le indica el camino hacia la gnosis.

Además, la conexión con el Yo Superior implica el desarrollo de una percepción elevada, una habilidad para ver más allá de las apariencias y de las ilusiones que el Demiurgo ha sembrado en el mundo material. Esta percepción permite al gnóstico comprender que lo que ve y experimenta en la vida cotidiana es solo una parte de la realidad, una superficie que oculta verdades más profundas. Al cultivar esta percepción, el gnóstico es capaz de ver a través de las máscaras y de percibir la chispa divina en todas las formas de vida. Esta visión no solo lo conecta con su propio Yo Superior, sino que le permite reconocer la esencia espiritual en los demás y en el mundo que lo rodea.

La oración contemplativa es otra práctica que fortalece la conexión con el Yo Superior. Esta oración no es una petición o una súplica, sino un acto de presencia y gratitud en el que el gnóstico se abre a recibir la luz del Pleroma y a experimentar la paz de su verdadera naturaleza. En la oración contemplativa, el gnóstico eleva su conciencia, recordando su conexión con el Dios Supremo y permitiendo que su ser se sumerja en la plenitud y en la paz del Pleroma. Esta experiencia de comunión eleva al alma y la fortalece, proporcionándole claridad y propósito en su viaje espiritual.

El gnóstico también aprende a seguir los impulsos y las señales del Yo Superior en su vida cotidiana. Estos impulsos pueden manifestarse como deseos sutiles, intuiciones o inspiraciones que surgen en el silencio interior. El Yo Superior guía al alma hacia experiencias y decisiones que le permiten crecer y recordar su verdadera identidad. Sin embargo, esta guía requiere de una mente atenta y desapegada, capaz de distinguir entre los deseos impulsados por el ego y las señales del Yo

Superior. Al seguir estas señales, el gnóstico camina en armonía con su esencia divina y se alinea con su propósito espiritual, experimentando una paz y una plenitud que emanan de la conexión con el Dios Supremo.

Finalmente, la conexión con el Yo Superior trae consigo un sentido profundo de paz y de unidad. A medida que el gnóstico profundiza en esta conexión, comienza a experimentar una paz interior que no depende de las circunstancias externas, sino que surge de la conciencia de su verdadera naturaleza. Esta paz es un reflejo de la armonía del Pleroma, una expresión de la plenitud y del amor que existen en el reino de la luz. En esta experiencia de unidad, el gnóstico se siente libre de las limitaciones y de los temores del mundo material, recordando que su esencia verdadera pertenece al Dios Supremo y que su destino final es el retorno a la plenitud.

En conclusión, la conexión con el Yo Superior es un pilar fundamental en el camino gnóstico, un proceso de recuerdo y de comunión con la chispa divina que habita en el interior del ser. A través de la introspección, la meditación, la intuición y la percepción elevada, el gnóstico establece un vínculo profundo con su verdadera esencia, que le guía y le ofrece claridad en su búsqueda de la gnosis. Al conectar con el Yo Superior, el alma se eleva por encima de las ilusiones del Demiurgo y experimenta una paz que emana de su unión con el Pleroma. En esta conexión, el gnóstico se libera de las ataduras del mundo material y recuerda su propósito eterno, avanzando con determinación en su camino hacia la liberación y la iluminación.

Capítulo 39
La Muerte y el Renacimiento Espiritual

En el gnosticismo, la muerte y el renacimiento espiritual son elementos centrales en el proceso de transformación del alma, un viaje en el que el ser humano debe morir a las ilusiones y renacer en la verdad para alcanzar la gnosis. Este concepto no se refiere a la muerte física, sino a una muerte simbólica, en la que el ego, los deseos materiales y las ataduras a la realidad física se disuelven, permitiendo que el alma experimente una liberación y un despertar profundo. En este renacimiento, el gnóstico redescubre su conexión con el Dios Supremo, recordando su verdadera naturaleza y su origen en el Pleroma, el reino de la luz y la plenitud.

La muerte espiritual es, ante todo, un proceso de desidentificación con el ego. Para el gnóstico, el ego representa el conjunto de creencias, deseos y pensamientos impuestos por el Demiurgo y sus arcontes, una identidad falsa que ata al alma al mundo material. En este estado de confusión, el alma se identifica con el cuerpo, el nombre y las experiencias, olvidando su esencia divina. La muerte espiritual implica desprenderse de esta identidad ilusoria, comprendiendo que el verdadero ser no es el conjunto de experiencias ni el ego, sino una chispa eterna que trasciende el tiempo y el espacio. A medida que el gnóstico se libera de esta falsa identidad, experimenta una muerte interior, un abandono de todo lo que no pertenece a su verdadera esencia.

Este proceso de muerte requiere valentía y desapego. El gnóstico enfrenta la oscuridad de su interior, los miedos, deseos y sombras que han sido reprimidos, observando cada aspecto de sí mismo sin juzgarlo, pero con la determinación de trascenderlo. Al enfrentar estas sombras, el practicante permite que se disuelvan, liberando al alma de los apegos y limitaciones que la han mantenido en el ciclo del sufrimiento y de la ignorancia. Esta confrontación es una prueba de voluntad, un acto de desapego en el que el gnóstico elige soltar las ilusiones que lo atan al mundo material y abrirse al misterio de su verdadera naturaleza.

La muerte espiritual también se expresa en el desprendimiento de los deseos materiales. En el gnosticismo, los deseos son vistos como hilos que atan al alma al mundo creado por el Demiurgo. Estos deseos no solo incluyen los anhelos de posesiones y placeres, sino también las búsquedas de poder, reconocimiento y control. La muerte espiritual implica reconocer la naturaleza ilusoria de estos deseos y elegir soltar cada uno de ellos, renunciando a las gratificaciones temporales en favor de la paz y la plenitud que solo pueden hallarse en el Pleroma. Este desprendimiento no es una represión de los deseos, sino una transformación, un acto de liberación en el que el gnóstico redirige su energía hacia su despertar espiritual.

El silencio interior es una de las herramientas más importantes en este proceso de muerte y renacimiento. Al practicar el silencio, el gnóstico permite que su mente y sus emociones se aquieten, creando un espacio de vacío donde las ilusiones y distracciones del ego pueden disolverse. Este silencio es una especie de "muerte" en la que el alma se aparta de las influencias externas, permitiendo que la verdad interna emerja. En este estado de silencio, el gnóstico experimenta una claridad y una paz que le recuerdan su conexión con el Dios Supremo. La práctica del silencio no solo ayuda a morir a las ilusiones, sino que permite que el alma se prepare para el renacimiento en la luz de la verdad.

El renacimiento espiritual ocurre cuando el alma, habiendo muerto a las ilusiones y al ego, se abre a la experiencia de la gnosis. Este renacimiento no es un evento único, sino un proceso continuo de despertar en el que el gnóstico profundiza su conexión con su Yo Superior y con el Pleroma. En este estado de renacimiento, el alma experimenta una paz y una plenitud que no dependen de las circunstancias externas, pues provienen de su verdadera esencia. Este renacimiento permite al gnóstico vivir en el mundo sin ser del mundo, permaneciendo consciente de su naturaleza divina incluso mientras interactúa con la realidad material.

Uno de los símbolos más poderosos del renacimiento espiritual en el gnosticismo es el alumbramiento de la luz interior. Cuando el gnóstico ha muerto a las ilusiones y ha renacido en la verdad, experimenta la luz del Pleroma en su interior, una luz que emana de su Yo Superior y que ilumina cada aspecto de su ser. Esta luz no es simplemente un fenómeno visual o emocional, sino una experiencia de claridad y de conexión con la sabiduría divina. En este estado, el gnóstico se convierte en un canal de esta luz, permitiendo que su vida y sus acciones reflejen la paz y la sabiduría que ha encontrado en su renacimiento.

El proceso de muerte y renacimiento también permite al gnóstico trascender el miedo a la muerte física. Al experimentar esta muerte interior y renacer en la conciencia de su esencia eterna, el gnóstico se da cuenta de que su verdadero ser no es afectado por la muerte del cuerpo físico. Esta comprensión libera al alma del temor, permitiéndole vivir con una paz y una libertad que solo pueden provenir de la certeza de su inmortalidad espiritual. La muerte física es vista, entonces, como una transición, un regreso al Pleroma y una liberación de las limitaciones del mundo material. Este entendimiento transforma la vida del gnóstico, quien vive sin miedo y con la confianza de que su verdadero ser pertenece a la luz.

El renacimiento espiritual también trae consigo un sentido renovado de propósito y de servicio. Habiendo recordado su verdadera naturaleza, el gnóstico siente un llamado a servir como guía y como apoyo para otros que buscan la verdad. Este servicio no surge de un deseo de reconocimiento, sino de una compasión profunda y de una conexión con todas las almas que comparten la misma lucha en el mundo material. El gnóstico renacido experimenta la unidad de todas las almas y se convierte en un canal de paz, amor y comprensión, reflejando la luz del Pleroma en el mundo.

Finalmente, el proceso de muerte y renacimiento permite al gnóstico experimentar la verdadera libertad. Liberado de las ataduras del ego, de los deseos y de las ilusiones, el alma renace en un estado de paz que no depende de nada ni de nadie. Esta libertad no es la ausencia de responsabilidades o de interacciones con el mundo, sino una libertad interior, una paz profunda que emana de la conexión con el Dios Supremo. En esta libertad, el gnóstico vive en el mundo con desapego, viendo cada experiencia como una manifestación del aprendizaje y del crecimiento espiritual. La verdadera libertad del gnóstico es la libertad de ser, de experimentar y de recordar su esencia divina en cada momento.

En conclusión, la muerte y el renacimiento espiritual son procesos fundamentales en el gnosticismo, en los que el alma muere a las ilusiones del ego y renace en la verdad de su conexión con el Pleroma. A través del desapego, el silencio interior y la apertura a la luz divina, el gnóstico atraviesa una transformación profunda, un renacimiento en el que recuerda su verdadera naturaleza y experimenta una paz y una libertad que trascienden el mundo material. En este renacimiento, el alma se convierte en un canal de luz y de compasión, viviendo con un propósito renovado y con la certeza de su unión con el Dios Supremo. Este proceso no es solo una experiencia de crecimiento personal, sino un paso esencial en el camino hacia la gnosis, un recordatorio de que la verdadera vida comienza cuando el alma recuerda su origen y su destino en la plenitud de la luz.

Capítulo 40
Ascensión y Redención del Alma

Para el gnóstico, el camino hacia la redención y la ascensión del alma es un retorno consciente a su verdadera fuente, un viaje de regreso al Pleroma, el reino de luz infinita y plenitud del Dios Supremo. En esta travesía, el alma busca liberarse de las limitaciones impuestas por el Demiurgo y sus arcontes, quienes la mantienen prisionera en el mundo material. La ascensión espiritual no es solo un proceso de aprendizaje, sino un despertar de la chispa divina que reside en cada ser, un recuerdo de su verdadera esencia y una redención que permite al alma trascender la realidad material y fundirse nuevamente en la plenitud de su origen.

La redención del alma en el gnosticismo implica un proceso de purificación y desapego de las ilusiones que atan al ser a la realidad física. En este sentido, la redención no es un acto externo, sino un proceso interno en el cual el gnóstico libera su conciencia de las ataduras que el Demiurgo ha sembrado en el mundo. A medida que el gnóstico despierta a su verdadera naturaleza, empieza a ver las ilusiones que lo rodean y a reconocer que su verdadero hogar no se encuentra en el plano material, sino en el Pleroma. Esta redención es, por tanto, una reconexión con el Yo Superior, un reencuentro con la chispa divina que guía al alma de regreso al Dios Supremo.

El desapego es uno de los primeros pasos en el proceso de ascensión y redención. A lo largo de su vida en el mundo material, el alma se ha identificado con el cuerpo, los pensamientos, los deseos y las posesiones, olvidando su naturaleza eterna. El gnóstico, mediante la práctica del desapego, aprende a soltar estos lazos que lo atan al ego y a los placeres efímeros de la materia. Este desapego no significa una renuncia a la vida, sino una liberación de la identificación con las cosas temporales. A través del desapego, el gnóstico empieza a experimentar la paz que surge de su esencia inmutable, de esa parte de sí mismo que pertenece al Pleroma y que no puede ser tocada por las vicisitudes del mundo material.

Otro aspecto clave de la ascensión es la búsqueda de la gnosis, el conocimiento directo y revelador de la verdad que trasciende las enseñanzas externas y los dogmas. La gnosis no es una acumulación de conocimientos intelectuales, sino una experiencia de revelación interna que permite al gnóstico recordar su conexión con el Dios Supremo. En este estado de conocimiento directo, el alma experimenta una claridad y una paz que surgen de la comprensión de su verdadera naturaleza y de su propósito en el mundo. A través de la gnosis, el gnóstico experimenta momentos de unidad con el Pleroma, vislumbres de la realidad espiritual que le recuerdan que su ser real no pertenece al mundo material.

La meditación y la contemplación son prácticas esenciales en el proceso de ascensión, ya que permiten al gnóstico elevar su conciencia y conectarse con los niveles superiores de su ser. En la meditación, el gnóstico calma la mente y crea un espacio de silencio interior donde puede escuchar la voz de su Yo Superior. Este estado de silencio y paz permite que la luz del Pleroma se manifieste en el interior, revelando la verdad que ha sido oscurecida por las ilusiones del mundo material. La meditación se convierte en un portal hacia la experiencia directa de la unidad, una experiencia en la que el gnóstico se sintoniza con la frecuencia de su ser espiritual y trasciende las limitaciones impuestas por el Demiurgo.

La visualización de la ascensión es una herramienta que ayuda al gnóstico a imaginar y sentir el proceso de elevación de su alma. En esta práctica, el gnóstico visualiza su ser como una chispa de luz que asciende hacia niveles superiores, alejándose de la densidad de la materia y acercándose a la pureza y plenitud del

Pleroma. Esta visualización permite al alma experimentar simbólicamente su propia redención, conectando con la paz y la claridad de su verdadera esencia. A través de la visualización, el gnóstico se prepara para la experiencia real de ascensión, fortaleciendo su voluntad y su intención de retornar al Dios Supremo.

El proceso de ascensión también implica la transcendencia del tiempo y del espacio, conceptos que son característicos del mundo material y que mantienen al alma prisionera en la ilusión de la dualidad. En el Pleroma, el tiempo y el espacio no existen; solo hay una plenitud eterna y un estado de paz infinita. Al meditar sobre la naturaleza atemporal de su verdadera esencia, el gnóstico empieza a desapegarse de las limitaciones de la vida material y a experimentar momentos de trascendencia en los que su alma se siente libre de las barreras impuestas por el Demiurgo. Esta trascendencia le permite recordar que su verdadero ser es inmortal y que su destino final es el retorno a la unidad y a la luz.

En su proceso de ascensión, el gnóstico también se enfrenta a la purificación de sus emociones y pensamientos. El Demiurgo y los arcontes se valen de las emociones y pensamientos para mantener al alma atrapada en la ignorancia y en el ciclo de deseos. El gnóstico, al observar y purificar sus emociones, libera su conciencia de las influencias negativas y de las reacciones automáticas que refuerzan el ego. Este proceso de purificación implica la transformación de las emociones bajas, como el miedo y la ira, en compasión, paz y desapego. Al liberar su mente y su corazón de las emociones perturbadoras, el gnóstico permite que su alma ascienda hacia un estado de serenidad y claridad que refleja la luz del Pleroma.

La oración contemplativa es otra herramienta importante en el proceso de redención y ascensión. Esta oración no se basa en pedir o suplicar, sino en la presencia y en la conexión con el Dios Supremo. En la oración contemplativa, el gnóstico abre su corazón y su conciencia al Pleroma, permitiendo que la luz divina lo impregne y lo eleve. Este acto de entrega fortalece la conexión entre el alma y el Yo Superior, recordando al gnóstico su lugar en el reino de la luz y su destino final. A través de esta comunión con el Dios Supremo, el alma experimenta momentos de unidad y de paz que la preparan para la ascensión.

El servicio y la compasión también juegan un papel en la ascensión del alma. A medida que el gnóstico avanza en su camino espiritual, experimenta una conexión profunda con todas las almas que también buscan la liberación. Este sentido de unidad despierta en él una compasión genuina, un deseo de ayudar a otros a recordar su verdadera esencia. El servicio, cuando se realiza desde esta compasión, permite al gnóstico trascender su ego y vivir desde la luz de su Yo Superior. A través del servicio, el gnóstico experimenta una liberación de las ataduras personales y se sintoniza con la paz y la plenitud del Pleroma, acercándose cada vez más a la redención total de su ser.

En última instancia, la ascensión y la redención son procesos de retorno a la unidad. A medida que el gnóstico se libera de las ilusiones del mundo material y se conecta con su Yo Superior, experimenta una conciencia unificada, una paz que surge de la comprensión de su pertenencia al Pleroma. En este estado de unidad, el gnóstico ya no se percibe separado de la divinidad, sino como una manifestación de la luz eterna del Dios Supremo. Este retorno a la unidad es el objetivo final de la ascensión, un estado de plenitud y de paz en el que el alma recuerda su verdadera identidad y su propósito en la creación.

En conclusión, la ascensión y la redención del alma son procesos de liberación y de recuerdo en el camino gnóstico. A través del desapego, la gnosis, la purificación de las emociones y la meditación, el gnóstico se eleva por encima de las ilusiones del Demiurgo y se conecta con la paz y la plenitud de su verdadero ser. La ascensión no es un viaje hacia un lugar físico, sino un regreso a la unidad y a la luz del Pleroma, un estado de conciencia en el que el alma experimenta su redención y se funde en la paz eterna del Dios Supremo. En este estado, el gnóstico encuentra la libertad y la plenitud que solo pueden hallarse en la conexión con el reino de la luz, cumpliendo así su destino de retornar a su origen divino.

Capítulo 41
El Significado del Perdón

El perdón, dentro del gnosticismo, tiene una dimensión profunda y transformadora que va más allá de la mera reconciliación o de los actos de redención tradicionales. En el contexto de esta corriente espiritual, el perdón no es solo un acto entre individuos, sino un proceso interno de liberación que permite al gnóstico desapegarse de las cadenas emocionales y de las heridas impuestas por el Demiurgo y sus arcontes. Esta forma de perdón es esencial en el camino de ascensión, ya que facilita el desapego de los resentimientos y juicios que mantienen al alma anclada en el mundo material, permitiéndole elevarse hacia su verdadero origen en el Pleroma.

El perdón en el gnosticismo tiene como propósito primordial liberar el alma de las cargas emocionales que refuerzan la ilusión de separación. Al guardar rencor o al aferrarse a heridas emocionales, el alma se ve atrapada en una red de dolor y deseo de justicia que la ata a las vibraciones bajas del mundo material. Estos resentimientos fortalecen las estructuras del ego y perpetúan la ignorancia que los arcontes buscan fomentar, ya que cuando el alma se enfoca en el dolor o en el daño recibido, pierde de vista su verdadera esencia y se identifica con la ilusión. El perdón, entonces, se convierte en un acto de liberación personal, un proceso en el que el gnóstico permite que su alma suelte la identificación con el dolor y se eleve por encima de las experiencias limitadas del mundo físico.

El perdón en el contexto de Judas es especialmente relevante, dado que el Evangelio de Judas presenta una reinterpretación de su figura. En la tradición gnóstica, Judas no es simplemente un traidor, sino un instrumento en el plan de revelación de Jesús. Esta perspectiva invita al gnóstico a reflexionar sobre la verdadera naturaleza de los eventos y las acciones, reconociendo que incluso los actos que parecen ser negativos o traicioneros en el plano material pueden tener un propósito espiritual más profundo. Al comprender esto, el gnóstico comienza a cuestionar sus propios juicios y resentimientos, abriéndose a la posibilidad de ver más allá de las apariencias y de soltar la carga del juicio.

En el camino hacia la gnosis, el perdón es una práctica que permite al gnóstico romper con la dualidad de víctima y agresor, de bien y mal, que caracteriza la ilusión del mundo material. El perdón, en su sentido más profundo, no es una negación del sufrimiento o del daño, sino una comprensión de que estos eventos forman parte del aprendizaje del alma en su viaje hacia la verdad. Al perdonar, el gnóstico se eleva por encima de la dualidad y experimenta una unidad con todas las almas, reconociendo que cada ser sigue su propio camino hacia la luz y que cada experiencia, por dolorosa que sea, contribuye a la evolución y al despertar del alma.

La compasión es una manifestación directa del perdón y es esencial en la práctica gnóstica. La compasión permite al gnóstico ver a los demás como reflejos de sí mismo, reconociendo que todos los seres están atrapados en la misma prisión de ilusiones y miedos. Esta comprensión despierta una empatía que suaviza el juicio y disuelve el resentimiento, permitiendo al alma experimentar un amor incondicional que no depende de las acciones o de las circunstancias. Al practicar la compasión, el gnóstico se conecta con su Yo Superior, que no juzga ni guarda rencor, sino que observa y comprende, guiando al alma hacia el Pleroma. Este amor compasivo fortalece la conexión con el Dios Supremo y permite que el alma se libere de las ataduras emocionales que el Demiurgo utiliza para mantenerla atrapada en el ciclo de nacimiento y muerte.

La práctica del perdón también implica dejar ir el control y la necesidad de justicia. En el mundo material, la búsqueda de justicia es una manifestación del ego, una necesidad de restablecer el equilibrio desde una perspectiva limitada y dualista. El gnóstico, al conectar con su Yo Superior, comprende que la verdadera justicia no se encuentra en las acciones o en las retribuciones de este mundo, sino en la paz que surge de la liberación y de la comprensión espiritual. El perdón permite al gnóstico abandonar la necesidad de venganza o de compensación, confiando en que su verdadera esencia no puede ser herida y que cualquier daño experimentado en el plano material es solo una ilusión que no afecta su ser eterno.

Para practicar el perdón, el gnóstico puede recurrir a la meditación y al silencio interior. En la meditación, el practicante se sumerge en un estado de paz y claridad que le permite observar sus heridas emocionales sin identificarse con ellas. Al observar estos resentimientos desde la perspectiva del Yo Superior, el gnóstico puede verlos como sombras que nublan su luz interior, sombras que deben ser disueltas para permitir que la paz del Pleroma se manifieste en su ser. Este proceso de autoobservación y de silencio interior permite que el gnóstico transforme su dolor y sus juicios en comprensión, liberándose de las emociones que lo atan a la realidad material.

El perdón también es una práctica de desapego. Al soltar el resentimiento y las expectativas hacia los demás, el gnóstico se libera de las influencias que el Demiurgo ha sembrado en el mundo material para mantenerlo atrapado. Cada resentimiento, cada pensamiento de odio o deseo de venganza es un lazo que ata al alma a la ilusión del ego, perpetuando el ciclo de ignorancia y de separación. El perdón, en cambio, rompe estos lazos y permite que el alma ascienda hacia un estado de paz y de unidad. Este desapego no implica olvidar o negar las experiencias vividas, sino trascenderlas y verlas desde una perspectiva más elevada, donde el amor y la compasión disuelven el dolor.

El perdón, en el gnosticismo, también tiene un aspecto de purificación. Al soltar el odio, la culpa y el resentimiento, el gnóstico purifica su alma, permitiéndole vibrar en armonía con la paz y la luz del Pleroma. Esta purificación es un acto de alquimia interior, en el que el gnóstico transfiere la energía de las emociones negativas a un estado de amor incondicional y de comprensión. Esta transformación permite que el alma resplandezca con su luz original, libre de las impurezas y de las sombras que la mantenían prisionera en el mundo material. El perdón, entonces, no es solo un acto de paz, sino un paso esencial en el proceso de ascensión y de regreso al Dios Supremo.

Finalmente, el perdón en el gnosticismo es una puerta hacia la libertad. Al liberarse de las ataduras emocionales, el gnóstico experimenta una paz profunda y duradera, una paz que no depende de las acciones o de las palabras de los demás, sino de su conexión con su Yo Superior y con el Pleroma. Esta paz es una manifestación directa del estado de libertad del alma, una libertad que surge de la comprensión de su verdadera naturaleza y de su unión con el Dios Supremo. En este estado de libertad, el gnóstico vive en el mundo sin ser afectado por sus ilusiones, experimentando una plenitud que emana de su propia esencia divina.

En conclusión, el perdón en el gnosticismo es un acto de liberación y de transformación espiritual. Al soltar el resentimiento y trascender el juicio, el gnóstico purifica su alma y se eleva hacia un estado de paz y de unidad con el Pleroma. El perdón permite al alma recordar su verdadera naturaleza y liberarse de las ataduras emocionales que la mantienen en el ciclo de sufrimiento y de ignorancia. En esta práctica, el gnóstico descubre que el verdadero perdón no es un favor hacia los demás, sino un regalo hacia sí mismo, una apertura a la paz y a la libertad que solo pueden experimentarse cuando el alma se conecta con su esencia divina.

Capítulo 42
Las Prácticas de Visualización

En el gnosticismo, las prácticas de visualización son herramientas profundas de conexión espiritual que permiten al gnóstico trascender las limitaciones del mundo material y alinearse con la verdad de su ser interior. La visualización, cuando se usa en el camino gnóstico, va mucho más allá de la simple imaginación o proyección mental. Es un acto de construcción de realidades espirituales en el interior del practicante, una forma de traer al presente las verdades eternas del Pleroma y de experimentar una realidad más elevada que va disolviendo las ilusiones impuestas por el Demiurgo y sus arcontes. En estas prácticas, el gnóstico utiliza su conciencia para acceder a planos de luz, recordando su verdadera esencia y fortaleciendo su conexión con el Dios Supremo.

La visualización se convierte en una forma de sintonizar la mente y el espíritu con la vibración y la luz del Pleroma. Cada visualización es una apertura a la experiencia de unidad y de paz, un esfuerzo intencional de alinearse con la sabiduría y con la verdad que habitan en el interior del ser. Al visualizar, el gnóstico recrea en su mente y en su alma el entorno espiritual que refleja su verdadera esencia, alejándose de las sombras y de las ilusiones del mundo material. La visualización, así, se convierte en una práctica de ascensión, en la que el alma se eleva simbólicamente y comienza a experimentar la paz y la claridad que caracterizan al Pleroma.

Una de las prácticas de visualización más comunes en el gnosticismo es la visualización de la luz divina. En esta práctica, el gnóstico se sienta en un espacio tranquilo, cerrando los ojos y dirigiendo su atención hacia el interior. A continuación, visualiza una luz pura y resplandeciente descendiendo desde el Pleroma y penetrando en su ser, llenando cada rincón de su cuerpo y su mente. Esta luz representa la esencia del Dios Supremo, la chispa divina que reside en el alma y que, al ser visualizada, despierta su verdadera naturaleza. Con cada respiración, el gnóstico permite que la luz se expanda en su interior, llenando su conciencia de paz, claridad y amor. Esta práctica ayuda a disipar las sombras que el Demiurgo ha implantado en la mente y fortalece la conexión con el Pleroma.

Otra práctica fundamental es la visualización del Pleroma, el reino de plenitud y de luz donde reside el Dios Supremo y de donde surge la chispa divina que habita en cada ser. En esta visualización, el gnóstico se imagina a sí mismo entrando en un espacio de luz infinita, un lugar donde no existen las limitaciones del tiempo y el espacio, donde todo es paz y perfección. Al visualizar el Pleroma, el gnóstico permite que su conciencia se eleve más allá de las dualidades del mundo material, experimentando por unos momentos la unidad y la plenitud que existen en el reino de la luz. Esta visualización no solo fortalece la conexión con el Dios Supremo, sino que actúa como un recordatorio de que el verdadero hogar del alma se encuentra en el Pleroma, y no en el mundo creado por el Demiurgo.

La visualización de la ascensión es también una herramienta poderosa en el camino gnóstico. En esta práctica, el gnóstico visualiza su ser espiritual como una chispa de luz que asciende, alejándose de las densas vibraciones del mundo material y elevándose hacia niveles superiores de conciencia. Esta ascensión simboliza el proceso de liberación del alma, que va dejando atrás las ilusiones del ego y del deseo, para acercarse cada vez más a la verdad y a la paz que se encuentran en su esencia divina. A medida que el gnóstico se eleva en su visualización, experimenta una sensación de paz y de libertad que le recuerda su destino final: el retorno a la unidad y a la luz del Pleroma.

Además de estas visualizaciones, el gnosticismo emplea la visualización del Yo Superior como un medio para conectar con la chispa divina que habita en el interior de cada ser. En esta práctica, el gnóstico se imagina a sí mismo encontrando y dialogando con su Yo Superior, esa parte de su ser que está en constante comunicación con el Pleroma y que permanece inalterada por las experiencias del mundo material. Visualizar al Yo Superior permite al gnóstico recibir guía y sabiduría desde su propia esencia, experimentando una comunicación directa con la verdad y la paz que habitan en su interior. Este encuentro con el Yo Superior refuerza la identidad espiritual del gnóstico, recordándole que su verdadero ser está más allá de las limitaciones del cuerpo y de la mente.

La visualización de la disolución de los lazos materiales es otra práctica transformadora en el camino gnóstico. En esta visualización, el gnóstico observa conscientemente los lazos emocionales, los deseos y las identificaciones que lo atan al mundo material y, con cada exhalación, imagina que estos lazos se disuelven en la luz. Al visualizar esta disolución, el gnóstico experimenta una liberación de las cargas emocionales y de los condicionamientos que han sido impuestos por el Demiurgo y sus arcontes. Este acto simbólico de disolver los lazos materiales permite que el alma se acerque cada vez más a su estado original de pureza, creando un espacio de paz y de desapego que facilita su retorno al Pleroma.

La visualización de protección espiritual es una práctica importante que ayuda al gnóstico a mantenerse en armonía y a protegerse de las influencias negativas de los arcontes. En esta visualización, el gnóstico se imagina rodeado de una esfera de luz pura que lo protege de cualquier energía o pensamiento perturbador que pueda desviarlo de su camino. Esta luz es la manifestación del poder del Dios Supremo y del Pleroma, una barrera de paz y de amor que mantiene al gnóstico en su estado de claridad y de conexión con su Yo Superior. Esta práctica refuerza la voluntad y permite al gnóstico mantener su vibración elevada, resistiendo las tentaciones y las distracciones que el Demiurgo ha sembrado en el mundo material.

El gnosticismo también valora la visualización del perdón y de la compasión. En esta práctica, el gnóstico se imagina a sí mismo extendiendo su amor y su comprensión hacia todas las almas, visualizando cómo su luz interior se expande y toca el corazón de cada ser. Esta visualización fortalece el amor incondicional y la compasión, recordando al gnóstico que todas las almas comparten la misma lucha y el mismo anhelo de liberación. Al enviar amor y perdón a los demás, el gnóstico también experimenta una purificación interna, disolviendo sus propios juicios y resentimientos y acercándose a la paz y a la unidad del Pleroma.

En el proceso de visualización, el gnóstico aprende a usar su intención y su enfoque como medios para moldear su realidad interna. Cada visualización es una creación consciente de un estado espiritual que el gnóstico desea experimentar, un acto de voluntad que fortalece su conexión con el Dios Supremo. Al visualizar, el gnóstico comprende que su intención tiene el poder de transformar su conciencia y de alinearla con la verdad y con la luz. Este uso de la intención es un acto de poder y de libertad, una manifestación de la chispa divina que reside en su interior y que le permite trascender las limitaciones del mundo material.

En conclusión, las prácticas de visualización en el gnosticismo son herramientas profundas de conexión y de transformación espiritual. A través de la visualización de la luz, del Pleroma, del Yo Superior y de la disolución de los lazos materiales, el gnóstico experimenta una elevación de su conciencia y un recordatorio constante de su verdadera esencia. La visualización permite que el alma se libere de las influencias del Demiurgo y que se acerque a la paz y a la unidad que existen en el Pleroma. En cada práctica de visualización, el gnóstico fortalece su conexión con el Dios Supremo y avanza un paso más en su camino hacia la liberación y el retorno a la plenitud de la luz.

Capítulo 43
La Comunión con lo Divino

En el gnosticismo, la comunión con lo divino es la experiencia más profunda y transformadora, un momento de unidad en el que el gnóstico trasciende las ilusiones de la realidad material y se sumerge en la presencia del Dios Supremo. Esta comunión no es un ritual externo ni una práctica de adoración, sino una experiencia directa de conexión con el Pleroma, el reino de luz y plenitud que trasciende todas las limitaciones del tiempo y el espacio. En esta comunión, el gnóstico recuerda su verdadera naturaleza y experimenta la paz infinita y el amor que solo pueden encontrarse en la presencia divina.

La comunión con lo divino es, ante todo, una experiencia de silencio y de apertura. En el mundo material, el ruido de las distracciones, las preocupaciones y las emociones oscurecen la chispa divina que reside en el alma. Para entrar en comunión con lo divino, el gnóstico debe apartarse del ruido y de las influencias externas, sumergiéndose en el silencio de su propio ser. En este silencio, el alma encuentra un espacio donde puede conectar con el Pleroma, experimentando una claridad que va más allá de la comprensión racional. La comunión es, entonces, un acto de entrega y de confianza, un momento en el que el gnóstico abre su conciencia a la presencia divina y permite que la luz y la paz del Pleroma llenen su ser.

Una de las prácticas más comunes para alcanzar esta comunión es la meditación profunda. A través de la meditación, el gnóstico calma la mente y se desconecta de las influencias del mundo material, creando un estado de receptividad y de pureza interior. En este estado de quietud, el alma se convierte en un espacio abierto y dispuesto a recibir la luz del Dios Supremo. La meditación permite al gnóstico entrar en una paz profunda, una paz que no se encuentra en el plano físico, sino en el contacto directo con su esencia divina. Al experimentar esta paz, el gnóstico se da cuenta de que su verdadera naturaleza es luz y amor, recordando que su origen y su destino final se encuentran en el Pleroma.

La contemplación es otra forma de comunión con lo divino. A diferencia de la meditación, la contemplación no busca aquietar la mente, sino enfocarla en la naturaleza divina y en la conexión con el Dios Supremo. En la contemplación, el gnóstico se concentra en un símbolo, una palabra sagrada o en la sensación de unidad que siente con el Pleroma. Este enfoque permite que el alma se eleve y se sintonice con la vibración de lo divino, experimentando una sensación de unidad y de trascendencia que lo llena de paz y de claridad. La contemplación es un recordatorio de que la verdadera realidad no se encuentra en las formas materiales, sino en la presencia divina que reside en el interior de cada ser.

La oración gnóstica también desempeña un papel importante en la comunión con lo divino. Sin embargo, a diferencia de las oraciones tradicionales, la oración gnóstica no es una súplica ni una petición. Es un acto de comunión silenciosa en el que el gnóstico abre su corazón a la presencia del Dios Supremo, expresando su deseo de retornar al Pleroma y de recordar su verdadera naturaleza. En esta oración, el gnóstico no busca favores ni respuestas, sino la experiencia directa de paz y de amor que solo pueden encontrarse en la unidad con el Dios Supremo. Esta oración se convierte en una experiencia de entrega, en un momento en el que el gnóstico se aparta de su ego y permite que su ser sea inundado por la luz divina.

El respeto y el amor incondicional son actitudes esenciales en la comunión con lo divino. La presencia del Dios Supremo es una fuente de paz y de amor infinito, y el gnóstico, al entrar en comunión, adopta una actitud de humildad y de gratitud, recordando que su verdadera naturaleza no le pertenece a él solo, sino que es parte de una totalidad infinita y perfecta. Este respeto no surge de un miedo o de una sumisión, sino de la comprensión de que el Dios Supremo es la fuente de toda vida y de toda luz, y que el alma del gnóstico es solo un reflejo de esa grandeza. Al adoptar esta actitud de amor y de respeto, el gnóstico se abre completamente a la experiencia de comunión, permitiendo que la presencia divina lo llene y lo transforme.

La comunión con lo divino es también una experiencia de unidad. En el mundo material, el alma experimenta la separación y la dualidad, creyéndose aislada de los demás y desconectada de su esencia divina. Sin embargo, en la comunión con el Dios Supremo, el gnóstico experimenta un estado de unidad en el que todas las divisiones desaparecen, y solo queda la sensación de pertenecer a una totalidad infinita y eterna. En este estado, el gnóstico se da cuenta de que su verdadero ser no está separado del Dios Supremo ni del Pleroma, sino que es una parte indivisible de esa realidad divina. Esta experiencia de unidad permite al gnóstico vivir con una paz y una confianza que no pueden ser alteradas por las circunstancias del mundo material.

En el gnosticismo, la comunión con lo divino es también una fuente de fortaleza y de claridad. Al experimentar esta conexión directa con el Pleroma, el gnóstico recibe una claridad que le permite ver más allá de las ilusiones del mundo material, comprendiendo la verdadera naturaleza de la realidad y el propósito de su existencia. Esta claridad lo fortalece en su camino de liberación, recordándole que su destino final no se encuentra en el plano físico, sino en el retorno al Pleroma. La fortaleza que surge de esta comunión permite al gnóstico enfrentar las pruebas y los desafíos del mundo con paz y con confianza, sabiendo que su verdadero ser no puede ser afectado por las sombras ni por las ilusiones.

La práctica de la gratitud es otro aspecto importante en la comunión con lo divino. La gratitud permite al gnóstico recordar la presencia del Dios Supremo en cada momento de su vida, reconociendo que todo lo que experimenta es una manifestación de la chispa divina que reside en su interior. Al practicar la gratitud, el gnóstico experimenta una paz profunda que lo conecta con el Pleroma y que le permite ver el mundo con una mirada de amor y de aceptación. Esta gratitud no es solo un sentimiento, sino una expresión de comunión con el Dios Supremo, una forma de mantener viva la conexión con lo divino en cada momento.

Finalmente, la comunión con lo divino en el gnosticismo es una experiencia de libertad y de plenitud. Al conectar con el Dios Supremo, el gnóstico experimenta una libertad que no depende de las circunstancias externas, sino de la paz que surge de su conexión con el Pleroma. En esta libertad, el gnóstico se libera de las ataduras del ego, de los deseos y de las ilusiones, experimentando una plenitud que no se encuentra en el mundo material. Esta plenitud es el reflejo de la unidad con el Pleroma, una experiencia de paz y de amor que no puede ser alterada ni destruida.

En conclusión, la comunión con lo divino es el objetivo más elevado en el camino gnóstico, una experiencia de unidad y de paz que permite al alma recordar su verdadera esencia y su conexión con el Dios Supremo. A través de la meditación, la contemplación, la oración y la gratitud, el gnóstico experimenta la presencia divina en su interior, recordando que su verdadero ser pertenece al Pleroma. Esta comunión es una fuente de fortaleza y de claridad, una experiencia de libertad y de plenitud que permite al gnóstico vivir en el mundo sin ser atrapado por sus ilusiones. En esta comunión, el gnóstico encuentra la paz y el amor que solo pueden encontrarse en la presencia del Dios Supremo, avanzando en su camino de retorno al reino de la luz y la unidad.

Capítulo 44
Integración de las Revelaciones de Jesús

En el contexto del gnosticismo, las revelaciones de Jesús a Judas son mucho más que simples enseñanzas. Son verdades profundas que desvelan la realidad oculta del mundo, la naturaleza del alma y el destino final de quienes buscan la liberación. Estas revelaciones, contenidas en el Evangelio de Judas, muestran a Jesús como un maestro de sabiduría cósmica, que comparte conocimientos velados a sus discípulos para guiarlos hacia la gnosis. Sin embargo, en lugar de una simple comprensión intelectual, estas revelaciones requieren una integración interna, un proceso en el que el gnóstico permite que estas verdades penetren en su ser, transformándolo y preparándolo para su retorno al Pleroma.

Para los gnósticos, integrar las revelaciones de Jesús significa abrirse a una transformación que va más allá de la razón. En sus enseñanzas, Jesús describe la existencia del Demiurgo y de sus arcontes, revela la prisión en la que se encuentra el alma y explica el camino hacia la verdadera libertad. Estas revelaciones no son solo teorías o dogmas, sino mapas que guían el viaje espiritual del gnóstico. A través de la integración de estas enseñanzas, el gnóstico comienza a ver el mundo desde una nueva perspectiva, reconociendo que la realidad material es solo una ilusión creada para mantener al alma atrapada. Al aceptar esta visión, el gnóstico se libera del miedo y de las ataduras que lo mantienen en el ciclo de ignorancia y de deseo.

Una de las primeras revelaciones que Jesús comparte es la existencia del Demiurgo, el ser que actúa como creador del mundo material. Comprender el papel del Demiurgo es fundamental en el camino gnóstico, pues permite al gnóstico ver más allá de las apariencias y entender que el mundo físico, aunque real en su manifestación, es una prisión que mantiene al alma separada del Pleroma. Al aceptar esta revelación, el gnóstico desarrolla una actitud de desapego hacia el mundo material, entendiendo que su verdadero ser no pertenece a esta creación imperfecta. Esta comprensión le permite ver la vida desde una perspectiva más elevada, enfocándose en su búsqueda espiritual y en su conexión con el Dios Supremo, en lugar de dejarse atrapar por las distracciones y tentaciones del mundo físico.

Jesús también revela la dualidad entre el Demiurgo y el Dios Supremo, una verdad esencial para el gnóstico. El Demiurgo representa la creación material, limitada y defectuosa, mientras que el Dios Supremo es la fuente de toda luz y perfección, el origen del Pleroma. Al integrar esta enseñanza, el gnóstico entiende que su propósito no es encontrar satisfacción en el mundo material, sino trascenderlo y regresar al reino de la luz. Esta comprensión despierta en él un anhelo profundo de reunirse con su origen divino, y le da la fuerza para resistir las pruebas y desafíos del mundo. El gnóstico, al integrar esta dualidad, experimenta un desapego que lo libera de las ilusiones y lo acerca cada vez más a la paz que reside en su verdadera naturaleza.

Otra revelación clave que Jesús comparte es la existencia del Yo Superior, la chispa divina que reside en cada alma. Esta enseñanza recuerda al gnóstico que, aunque esté atrapado en un cuerpo físico, su verdadero ser no está limitado por el tiempo ni por el espacio, sino que es eterno y perfecto. Al conectar con su Yo Superior, el gnóstico experimenta momentos de paz y de claridad que le recuerdan su origen en el Pleroma. Esta integración no solo le proporciona consuelo, sino que le ofrece una guía en su vida diaria, permitiéndole tomar decisiones desde su esencia divina y no desde los deseos del ego o las influencias del Demiurgo.

La revelación sobre el conocimiento oculto es también fundamental. Jesús enseña que la verdad no se encuentra en las enseñanzas externas o en los ritos, sino en el conocimiento interior, en la gnosis que cada ser humano puede alcanzar a través de la introspección y de la comunión con su Yo Superior. Al integrar esta enseñanza, el gnóstico se aparta de las formas externas de adoración y se enfoca en el conocimiento directo, buscando la verdad en su propio ser. Esta comprensión le da una libertad interna, pues ya no depende de las doctrinas o de las interpretaciones ajenas, sino que experimenta la verdad directamente en su interior. La gnosis, entonces, se convierte en su guía, una luz interna que le muestra el camino hacia la liberación.

La revelación de Judas como el elegido es una enseñanza que invita a reflexionar sobre la naturaleza de la traición y del sacrificio. En el Evangelio de Judas, Jesús no ve a Judas como un traidor, sino como alguien que comprende la verdadera misión y que, al entregarlo, permite el cumplimiento de su propósito. Esta enseñanza invita al gnóstico a ver más allá de las apariencias, reconociendo que los actos y eventos en el mundo material pueden tener significados más profundos. Al integrar esta revelación, el gnóstico aprende a soltar el juicio y a confiar en que cada experiencia y cada persona tiene un papel en el gran esquema de la evolución del alma. Esta comprensión le permite aceptar sus propias pruebas y desafíos, viendo en ellos oportunidades para el crecimiento y la liberación.

Para integrar estas revelaciones en la vida diaria, el gnóstico practica la meditación y la contemplación. En la meditación, se conecta con su Yo Superior y permite que las enseñanzas de Jesús resuenen en su interior, disolviendo las dudas y fortaleciendo su fe en el camino de la gnosis. En la contemplación, reflexiona sobre las verdades que Jesús reveló, permitiendo que cada enseñanza se asiente en su conciencia y transforme su visión del mundo. Estas prácticas permiten que las revelaciones se conviertan en parte de su ser, no como conceptos abstractos, sino como verdades vivas que guían cada aspecto de su vida.

La oración gnóstica también desempeña un papel en la integración de las revelaciones de Jesús. En esta oración, el gnóstico se abre a recibir la luz del Pleroma, permitiendo que su ser sea transformado por la paz y la claridad que emanan del Dios Supremo. Esta comunión directa con lo divino fortalece la conexión del gnóstico con las enseñanzas de Jesús, permitiéndole experimentar la unidad y la paz que solo pueden encontrarse en la presencia del Pleroma. A través de esta comunión, las enseñanzas de Jesús dejan de ser ideas y se convierten en una realidad viva que llena su vida de sentido y propósito.

Finalmente, la aplicación práctica de las revelaciones en la vida diaria es esencial. Las enseñanzas de Jesús no son solo verdades espirituales, sino guías prácticas para vivir en el mundo material sin ser atrapado por sus ilusiones. El gnóstico, al integrar estas enseñanzas, vive con desapego, compasión y claridad, reconociendo que su verdadero ser no pertenece a este mundo. Cada acción, cada pensamiento y cada decisión se convierte en una oportunidad para expresar las verdades que ha integrado, recordando que su propósito final es retornar al Pleroma y reunirse con el Dios Supremo.

En conclusión, la integración de las revelaciones de Jesús es un proceso de transformación profunda que permite al gnóstico vivir en armonía con las verdades espirituales que guían su camino. Al aceptar y aplicar estas enseñanzas, el gnóstico recuerda su verdadera naturaleza, se libera de las ilusiones del Demiurgo y se acerca cada vez más a la paz y a la plenitud del Pleroma. En cada práctica de meditación, contemplación y oración, las revelaciones de Jesús se convierten en una realidad viva en su vida, una guía que ilumina su camino hacia la liberación y el retorno a la luz eterna.

Capítulo 45
Desapego del Mundo Material

El desapego del mundo material es una enseñanza fundamental en el gnosticismo, un proceso por el cual el gnóstico se libera de las ilusiones y limitaciones impuestas por el Demiurgo. Este desapego no implica una negación del mundo ni una renuncia a la experiencia humana, sino una reorientación de la conciencia hacia lo eterno y lo divino. En este camino, el desapego se convierte en una herramienta de liberación, un acto de recordar que la verdadera esencia del ser humano no pertenece al mundo material, sino que emana del Pleroma, el reino de la luz y de la plenitud.

Para el gnóstico, el desapego es ante todo un acto de discernimiento. El mundo creado por el Demiurgo es una realidad imperfecta, un reflejo distorsionado de la verdad que existe en el Pleroma. Este mundo material está lleno de distracciones, deseos y condicionamientos que mantienen al alma atrapada en el ciclo del nacimiento, la muerte y el renacimiento. Al desarrollar el discernimiento, el gnóstico comienza a ver estas distracciones y deseos por lo que realmente son: ilusiones efímeras que lo alejan de su verdadera naturaleza. Este discernimiento le permite tomar distancia de los deseos y apegos que lo atan al mundo, reconociendo que su verdadera identidad no se encuentra en las posesiones, logros o relaciones materiales, sino en su conexión con el Dios Supremo.

El desapego emocional es una de las primeras formas de liberación que el gnóstico experimenta en su camino espiritual. En la vida cotidiana, las emociones como el miedo, la ira, la tristeza y el deseo pueden convertirse en cadenas que atan al alma al plano físico, llevándola a experimentar una identificación profunda con las experiencias externas. Al practicar el desapego emocional, el gnóstico aprende a observar sus emociones sin identificarse con ellas, comprendiendo que son reacciones temporales que no definen su verdadera esencia. Este desapego no significa reprimir las emociones o negarlas, sino experimentarlas sin ser esclavizado por ellas, permitiendo que surjan y se disuelvan sin aferrarse a ellas.

En el camino del desapego, el gnóstico también practica la desidentificación del ego. El ego, influenciado por el Demiurgo, crea una identidad falsa que se basa en las experiencias, logros y opiniones que el mundo material le ha impuesto. Este ego se convierte en una barrera que oculta la verdadera esencia del ser y que mantiene al gnóstico atrapado en las ilusiones de la separación. Al practicar el desapego del ego, el gnóstico comienza a soltar las identificaciones con su nombre, su historia y su personalidad, recordando que su verdadera identidad es una chispa de luz que no pertenece a este mundo. Esta desidentificación le permite vivir con mayor libertad, dejando de lado los miedos y deseos del ego y permitiendo que su Yo Superior se manifieste en cada acción y pensamiento.

El desapego de los deseos materiales es otro aspecto esencial en el gnosticismo. El mundo creado por el Demiurgo es un reino de deseos y de necesidades que mantienen al alma en un estado constante de búsqueda y de insatisfacción. Estos deseos, desde los más básicos hasta los más complejos, son la base de la ilusión que atrapa al ser en el plano material. El gnóstico, al practicar el desapego de los deseos, aprende a verlos como ilusiones temporales que no conducen a la verdadera paz ni a la plenitud. Este desapego no significa vivir sin necesidades, sino comprender que ninguna de ellas puede satisfacer el anhelo profundo de retornar al Pleroma. Al soltar los deseos, el gnóstico experimenta una libertad y una paz que le permiten acercarse a la verdad de su esencia divina.

Una herramienta importante en el desapego es la meditación. En la meditación, el gnóstico calma su mente y se desconecta de las influencias externas, creando un espacio de paz y de silencio en el que puede observar sus pensamientos, deseos y emociones sin identificarse con ellos. La meditación permite que el gnóstico experimente su verdadera naturaleza como un ser de paz y de luz, recordándole que su esencia no pertenece al mundo material. Este acto de introspección le da la claridad y la fortaleza necesarias para practicar el desapego en su vida diaria, permitiéndole vivir en el mundo sin ser atrapado por sus ilusiones.

El desapego en el gnosticismo también implica aceptar la transitoriedad de la vida. El mundo material está en constante cambio, y toda experiencia, posesión o relación es temporal. Al aceptar esta transitoriedad, el gnóstico desarrolla una actitud de aceptación y de paz frente a la impermanencia de la vida, dejando de aferrarse a las personas y a las cosas que sabe que algún día desaparecerán. Esta aceptación no es una negación de los vínculos y de los afectos, sino una comprensión de que todo en el mundo físico es pasajero. Al vivir con esta actitud de desapego, el gnóstico puede experimentar el amor y la gratitud sin aferrarse a las experiencias, reconociendo que su verdadero hogar se encuentra en el Pleroma.

El desapego mental es otro aspecto fundamental del camino gnóstico. La mente, condicionada por el Demiurgo, crea pensamientos y creencias que limitan la percepción de la verdad. Estos pensamientos, cuando se toman como realidad absoluta, se convierten en barreras que impiden al gnóstico experimentar la unidad con el Dios Supremo. Al practicar el desapego mental, el gnóstico aprende a observar sus pensamientos sin identificarse con ellos, reconociendo que son solo patrones mentales que no representan su verdadera esencia. Esta práctica le permite liberar su mente de las estructuras y creencias impuestas por el mundo, permitiendo que la verdad y la claridad emerjan desde su interior.

La oración contemplativa también ayuda al gnóstico a practicar el desapego. En esta oración, el gnóstico se conecta con el Dios Supremo y se entrega a la paz y a la plenitud que surgen de esta comunión. Al experimentar esta conexión, el gnóstico siente que no necesita nada del mundo material para ser completo, pues la plenitud que experimenta en la comunión con el Pleroma es suficiente. Esta oración le recuerda que su verdadero ser no depende de las cosas externas y que la verdadera paz solo puede encontrarse en el retorno a la unidad con lo divino. Esta experiencia le permite desapegarse de las ilusiones y encontrar un estado de paz y de libertad que no depende de las circunstancias externas.

El desapego no significa aislamiento o rechazo del mundo, sino un vivir en el mundo sin ser del mundo. El gnóstico, al practicar el desapego, aprende a experimentar la vida con amor y gratitud, pero sin aferrarse a nada ni a nadie. Esta actitud le permite vivir con libertad, disfrutando de las experiencias sin depender de ellas para encontrar paz o satisfacción. El desapego, entonces, no es un acto de negación, sino un acto de liberación que permite al gnóstico vivir desde su esencia divina, experimentando la paz y la plenitud que surgen de su conexión con el Dios Supremo.

Finalmente, el desapego permite al gnóstico experimentar una libertad interior que lo acerca cada vez más al Pleroma. Al soltar las ilusiones y las ataduras del mundo material, el gnóstico experimenta una paz que surge de su verdadera naturaleza, una paz que no depende de nada externo y que es inalterable. Esta libertad le permite vivir con una claridad y una confianza que lo fortalecen en su camino de retorno a la unidad. Al practicar el desapego, el gnóstico se libera de las cadenas que lo atan a la ilusión, recordando que su verdadera esencia es luz y que su destino final es regresar al Pleroma.

En conclusión, el desapego del mundo material es una práctica esencial en el camino gnóstico, un proceso de liberación que permite al gnóstico soltar las ilusiones y recordar su verdadera naturaleza. A través de la meditación, la oración y la aceptación de la transitoriedad de la vida, el gnóstico se desconecta de las ataduras emocionales y mentales, experimentando una libertad que lo acerca a la paz y a la plenitud del Pleroma. En este desapego, el gnóstico encuentra la claridad y la fuerza necesarias para avanzar en su camino hacia la unidad con el Dios Supremo, recordando que su verdadero hogar no se encuentra en el mundo material, sino en el reino de la luz y de la eternidad.

Capítulo 46
La Jornada del Alma

La jornada del alma, en el contexto gnóstico, es el viaje profundo y místico que cada ser emprende desde su creación hasta su liberación y retorno al Pleroma, el reino de la luz y de la plenitud divina. Este camino no es solo una travesía a través de las experiencias y desafíos de la vida, sino un proceso de redescubrimiento, de desapego y de purificación en el que el alma debe recordar su verdadera esencia y liberarse de las ilusiones y ataduras que el Demiurgo y sus arcontes han impuesto sobre ella. La jornada del alma es una búsqueda incansable de la verdad, un anhelo por retornar a la fuente divina de la que se originó, y en este camino, cada experiencia y cada revelación se convierten en pasos hacia la realización de la gnosis.

La jornada comienza con la creación del alma en el Pleroma, donde cada ser es una chispa de luz que emana del Dios Supremo, una extensión de la plenitud y del amor que caracterizan a este reino de perfección. En este estado, el alma es consciente de su conexión con lo divino y vive en unidad con el Pleroma. Sin embargo, al entrar en el mundo material, el alma experimenta una separación que la sumerge en un estado de olvido y de ignorancia. Esta separación es la primera prueba de la jornada del alma, un desafío que la obliga a buscar la verdad en medio de la oscuridad y de las ilusiones creadas por el Demiurgo. En este olvido, el alma se siente perdida y desconectada de su esencia, y la vida en el mundo material se convierte en una lucha por recordar su verdadera identidad.

A medida que la jornada avanza, el alma empieza a reconocer las ilusiones que la rodean. El mundo creado por el

Demiurgo está lleno de distracciones y deseos que alejan al alma de su verdadera esencia, y cada una de estas ilusiones actúa como una barrera que impide su retorno al Pleroma. El alma, al experimentar estas ilusiones, aprende a discernir entre lo efímero y lo eterno, comprendiendo que la paz y la plenitud no se encuentran en las posesiones o en los logros materiales, sino en su conexión con lo divino. Este discernimiento es uno de los primeros pasos en la jornada del alma, un momento en el que empieza a despertar y a recordar su origen en el Pleroma.

El siguiente paso en la jornada es el despertar espiritual, un proceso en el que el alma comienza a experimentar momentos de claridad y de conexión con su esencia divina. Este despertar no ocurre de manera súbita, sino que es un proceso gradual en el que el alma experimenta revelaciones y vislumbres de la verdad que la ayudan a recordar su propósito y su destino. Este despertar es, en esencia, un recordatorio de su verdadera naturaleza y de su conexión con el Dios Supremo. A través de la meditación, la contemplación y la introspección, el alma experimenta momentos de paz y de unidad que le permiten soltar las ataduras que la mantienen prisionera en el mundo material. Este despertar es una preparación para la liberación final, un proceso en el que el alma se purifica y se alinea cada vez más con su verdadera esencia.

La jornada del alma también incluye pruebas y desafíos que ponen a prueba su fuerza y su compromiso con la verdad. Estas pruebas, que pueden manifestarse en forma de deseos, miedos o apegos, son obstáculos que el Demiurgo y sus arcontes colocan en el camino del alma para mantenerla atrapada en la ignorancia. Sin embargo, cada prueba es también una oportunidad de crecimiento y de superación, una lección que permite al alma fortalecer su voluntad y su claridad. Al enfrentar estos desafíos, el alma aprende a desapegarse de las ilusiones del ego y a confiar en la sabiduría de su Yo Superior, comprendiendo que cada prueba es un paso más en su camino hacia la liberación.

A medida que el alma avanza en su jornada, experimenta un proceso de purificación en el que libera las cargas emocionales y los condicionamientos que ha acumulado en el mundo material.

Esta purificación es una limpieza del ser, una liberación de los pensamientos, emociones y deseos que la mantienen en el ciclo de sufrimiento y de ignorancia. A través de esta purificación, el alma se prepara para el retorno al Pleroma, dejando atrás las influencias del Demiurgo y alineándose cada vez más con la paz y la claridad de su esencia divina. Este proceso de purificación no es fácil, pues requiere una entrega total y una disposición a soltar todo lo que no pertenece a su verdadera naturaleza.

El conocimiento o gnosis es el siguiente paso en la jornada del alma. Al experimentar la gnosis, el alma comprende que la verdad no se encuentra en el mundo material, sino en su propia esencia. La gnosis es una experiencia directa de la unidad y de la paz que emanan del Dios Supremo, una comprensión de que el alma es una extensión del Pleroma y que su verdadera naturaleza es luz y amor. Este conocimiento es liberador, pues permite al alma ver más allá de las ilusiones y de los miedos, comprendiendo que su destino final es retornar a la plenitud y al amor del Pleroma. La gnosis es la llave de la liberación, un recuerdo de la verdadera identidad del alma y de su conexión con lo divino.

En la etapa final de la jornada, el alma experimenta la liberación y la ascensión. Habiendo superado las pruebas y purificado su ser, el alma se encuentra en paz consigo misma y con el universo, lista para retornar al Pleroma. Esta ascensión no es un viaje físico, sino un retorno simbólico y espiritual a la unidad con el Dios Supremo. Al experimentar la ascensión, el alma se libera de las ataduras del ego y de las ilusiones, y se sumerge en la paz y en la plenitud del Pleroma. Esta liberación es el cumplimiento del propósito de la jornada, una experiencia de unidad y de paz que permite al alma recordar su verdadera esencia y fundirse nuevamente en el reino de la luz.

Finalmente, la jornada del alma es una experiencia de redención en la que el alma se reconcilia consigo misma y con el universo. Al regresar al Pleroma, el alma experimenta una paz y una plenitud que no pueden ser alteradas por las circunstancias externas, una sensación de pertenencia que le permite vivir en la unidad y en la paz del Dios Supremo. Esta redención es un recordatorio de que el alma siempre ha sido parte del Pleroma, y que su viaje a través del mundo material ha sido solo una etapa en su camino hacia la verdad. Al experimentar esta redención, el alma se da cuenta de que nunca ha estado separada de lo divino, sino que siempre ha sido una manifestación de la luz y del amor del Pleroma.

En conclusión, la jornada del alma en el gnosticismo es un camino de redescubrimiento y de liberación, un proceso en el que el alma debe recordar su verdadera esencia y liberarse de las ilusiones que la mantienen atrapada en el mundo material. A través del despertar, la purificación, la gnosis y la ascensión, el alma se prepara para retornar al Pleroma y experimentar la paz y la plenitud que solo pueden encontrarse en la unidad con el Dios Supremo. Esta jornada es un recordatorio de que la verdadera naturaleza del alma es luz, y que su destino final es regresar al reino de la plenitud y de la paz eternas.

La conclusión de este viaje a través de las enseñanzas gnósticas, guiado por las revelaciones contenidas en el Evangelio de Judas, marca un punto culminante en el que el lector puede integrar todo el conocimiento explorado. En cada capítulo hemos abordado la naturaleza de la realidad, la dualidad entre el mundo material y el espiritual, el rol del Demiurgo y los arcontes, y la promesa de redención que aguarda a toda alma que aspire al despertar. La conclusión no es solo un cierre, sino una oportunidad para sintetizar los principios esenciales y encender en el lector un deseo de llevar estas enseñanzas a su vida diaria, de experimentar la liberación y la paz que emanan de la unidad con el Pleroma.

El viaje hacia el conocimiento gnóstico es un proceso de transformación profunda, una liberación gradual de las ilusiones y apegos que el Demiurgo ha tejido en torno al alma. Cada enseñanza compartida en el Evangelio de Judas actúa como un faro de luz que permite al gnóstico recordar su verdadero origen y avanzar en su jornada espiritual. Esta transformación no ocurre de manera instantánea; es un proceso que requiere tiempo, introspección y una dedicación sincera a la búsqueda de la verdad. La conclusión de este camino representa no solo el final de un estudio, sino el inicio de un compromiso personal con el despertar y la integración de las enseñanzas en el propio ser.

Uno de los aspectos más profundos explorados a lo largo del libro es el reconocimiento de la dualidad. El Demiurgo, creador del mundo material, ha construido una realidad que limita y aprisiona al alma, manteniéndola en un ciclo de ignorancia, deseo y sufrimiento. Al comprender la diferencia entre el Demiurgo y el Dios Supremo, el lector puede discernir la naturaleza ilusoria de las experiencias materiales y empezar a cultivar el desapego que lo acerca cada vez más a la verdad. Este discernimiento es fundamental en la búsqueda gnóstica, ya que permite que el alma no se identifique con las sombras de la realidad material, sino que busque su sustento en la paz y plenitud del Pleroma.

La figura de Judas Iscariote es otro pilar esencial de este viaje. En el Evangelio de Judas, su papel se redefine como el del discípulo que comprende y asume el destino de Jesús de manera distinta a como se presenta en los evangelios canónicos. Judas se convierte en el símbolo de la valentía y de la revelación profunda, en alguien que, a pesar de las apariencias de traición, permite que el plan de redención se cumpla. Esta reinterpretación de Judas invita al lector a mirar más allá de los juicios superficiales y a explorar los significados ocultos en las experiencias de su propia vida, comprendiendo que cada prueba y cada desafío pueden tener un propósito más elevado y pueden servir como catalizadores de crecimiento espiritual.

La gnosis o conocimiento espiritual es el verdadero tesoro que el gnóstico busca. Esta gnosis no se encuentra en los libros o en las doctrinas externas, sino en la experiencia directa de la verdad interior. La búsqueda de la gnosis es un recordatorio de que el alma posee ya en su interior el conocimiento que la llevará de regreso al Pleroma. Este conocimiento no es una acumulación de conceptos, sino una transformación del ser que permite al gnóstico ver el mundo desde una perspectiva de paz, desapego y claridad. La conclusión de este estudio enfatiza la importancia de practicar el autoconocimiento y de buscar la verdad en el propio corazón, reconociendo que la verdadera sabiduría proviene de la conexión directa con el Dios Supremo.

La práctica del desapego se revela como uno de los elementos clave en el proceso de redención del alma. Al desapegarse de los deseos, emociones y pensamientos que lo atan al mundo material, el gnóstico experimenta una libertad que le permite vivir en paz y en armonía con su verdadera naturaleza. Este desapego no es una negación de la vida, sino una forma de vivir plenamente desde el Yo Superior, sin identificarse con las ilusiones y limitaciones del ego. En el camino gnóstico, el desapego es una herramienta que permite a cada alma recordar que su verdadera identidad no se encuentra en las posesiones, logros o relaciones del mundo, sino en su conexión eterna con el Pleroma.

La meditación y la contemplación se consolidan como prácticas fundamentales para acceder a la paz interior y para mantener la conexión con lo divino. Estas prácticas permiten al gnóstico experimentar momentos de silencio y de claridad en los que puede percibir su verdadera esencia y recordar su origen. En la conclusión de esta exploración, se subraya la importancia de cultivar una práctica diaria de meditación, ya que esta práctica ayuda al gnóstico a vivir en el mundo sin ser atrapado por sus ilusiones. La meditación se convierte en un espacio de refugio y de renovación espiritual, en un momento de comunión con el Pleroma que refuerza la paz y la fortaleza interior del gnóstico.

La conexión con el Yo Superior es un recordatorio constante de que el ser humano es más que un cuerpo físico y una mente, que en su interior reside una chispa divina que pertenece al Pleroma. A lo largo del camino gnóstico, el alma aprende a escuchar y a seguir la guía de su Yo Superior, que es su verdadero ser. Este Yo Superior no está limitado por las experiencias o las circunstancias del mundo material, sino que permanece en constante comunión con el Dios Supremo. Al concluir esta exploración, el gnóstico es invitado a profundizar en su relación con su Yo Superior, reconociendo que esta conexión es su guía más confiable en el camino hacia la verdad y la libertad.

El proceso de redención y ascensión del alma marca el objetivo final de la jornada gnóstica. La redención no es un acto externo, sino un proceso interno de liberación en el que el alma se purifica de las ilusiones y se eleva hacia el Pleroma. A través de la gnosis, la meditación y el desapego, el alma experimenta una transformación que le permite trascender el mundo material y recordar su verdadera esencia. Esta redención es el cumplimiento de su propósito, un regreso al hogar, una experiencia de paz y de plenitud en la que el gnóstico se sumerge en la luz y en la unidad del Dios Supremo. La conclusión de este estudio subraya que cada alma está destinada a este retorno, y que el camino de la gnosis es un recordatorio de su verdadera identidad y de su conexión eterna con el Pleroma.

Finalmente, la síntesis de estas enseñanzas invita al lector a aplicarlas en su vida diaria, a convertir cada momento en una oportunidad para practicar el desapego, la meditación y la conexión con su Yo Superior. La gnosis no es un estado de conocimiento estático, sino un camino vivo y dinámico que debe ser cultivado a través de la práctica y la introspección constante. Esta integración permite al gnóstico experimentar la paz y la claridad que surgen de su verdadera esencia, viviendo en el mundo material sin ser atrapado por sus ilusiones. La vida diaria se convierte así en una oportunidad de crecimiento y de purificación, en un escenario donde el gnóstico puede poner en práctica las enseñanzas de Jesús y recordar que su verdadero destino es el retorno a la luz.

En conclusión, este estudio del Evangelio de Judas y de las enseñanzas gnósticas es una invitación a la transformación y al despertar. Cada capítulo, cada revelación y cada práctica exploran un aspecto de la naturaleza divina del alma y del proceso de liberación que conduce al Pleroma. La conclusión de este viaje no es un fin, sino un inicio, una puerta abierta hacia la práctica continua de la gnosis. El gnóstico, al integrar estas enseñanzas en su vida, se convierte en un buscador de la verdad, en alguien que camina hacia la libertad con paz y con amor. En este camino, cada paso lo acerca a la plenitud, y cada acto de desapego y de meditación lo recuerda su verdadero hogar en la unidad y en la luz eternas del Dios Supremo.

Epílogo

Al concluir esta travesía, algo dentro de ti ya no es igual. Cada palabra leída, cada concepto explorado, resuena ahora como ecos de una realidad mucho más grande que el mero entendimiento. Judas, a lo largo de estas páginas, se ha revelado no como un traidor, sino como el portador de una verdad compleja, una pieza fundamental en un universo que va mucho más allá de doctrinas y certezas.

Aquí, el conocimiento no se limita a una búsqueda externa; se convierte en un espejo que nos desafía a confrontar nuestras propias sombras, a entender que el verdadero adversario no está afuera, sino en las cadenas invisibles que nos atan a la ilusión de la materia. La figura del Demiurgo, este artífice limitado que aprisiona el espíritu en un ciclo de ignorancia, simboliza todas las estructuras y creencias que impiden al alma alcanzar el Pleroma, el estado de plenitud y conexión con el Dios Supremo, libre de las limitaciones impuestas por el mundo físico.

Esta comprensión gnóstica de la realidad nos coloca ante una decisión: vivir dentro de los límites impuestos por el Demiurgo, aceptando la prisión de la carne y de las ilusiones, o atrevernos a buscar la libertad que yace más allá, en la luz del verdadero conocimiento. Al reconocer la chispa divina en nosotros mismos, como Judas la reconoció en Jesús, desvelamos una responsabilidad: la de cuestionar, de ir más allá de las verdades superficiales y de buscar la plenitud que se oculta en las profundidades de nuestro ser.

Este libro no ofrece respuestas fáciles, ni garantiza la serenidad inmediata. Desafía, provoca y, muchas veces, deja al lector cara a cara con lo desconocido. Pero, así como Judas encontró en la traición la posibilidad de una verdad mayor, tú también puedes ver que aquí no hay un verdadero final, sino solo el inicio de una búsqueda continua de autoconocimiento y de libertad espiritual.

Al cerrar estas páginas, recuerda que el verdadero conocimiento no está solo en las palabras, sino en la transformación que provocan en quien las recibe. Este libro es una invitación a recordar quién eres realmente, a ver más allá de lo que los ojos pueden captar y a abrazar la divinidad oculta en lo profundo de tu ser. En cada descubrimiento, el Pleroma se vuelve más cercano, como un regreso inevitable a la unidad perdida.

Que este epílogo no sea un punto final, sino el inicio de una nueva fase, un despertar que te conduzca a cuestionar, a explorar y a reconocer la infinita profundidad de tu propia alma. Que cada reflexión sembrada aquí crezca, abriendo el camino hacia una vida de plenitud y de conexión con lo divino.

www.ingramcontent.com/pod-product-compliance
Lightning Source LLC
LaVergne TN
LVHW040051080526
838202LV00045B/3585